Curso de español

LIBRO DEL ALUMNO

1

Clara Miki Kondo
Juan Antonio Ayllón
Teresa Chicharro

Proyecto editorial
Equipo de Idiomas SM

Autores
Clara Miki Kondo
Juan Antonio Ayllón
Teresa Chicharro

Coordinación editorial
Julia Fernández Valdor

Edición
Olalla Hervás Daza

Asesoramiento lingüístico
Concha de la Hoz Fernández

Ilustración
Enrique Flores; Lluis Martí; Lluis Filella; Pilar Giménez Avilés

Fotografía
Javier Calbet, Sonsoles Prada, Sergio Cuesta, Yolanda Álvarez / Archivo SM; Javier de Agustín; Fran Panadero; Pedro Carrión; Montse Fontich; Luis Davilla, CORBIS / COVER; Carl Pendle-PHOTONICA / GETTY IMAGES; Andrew Ward, Ryan MCVay, STOCTREK / PHOTODISC; ALBUM; CD GALLERY; FIRO FOTO; INDEX; PRISMA; LATINSTOCK; CMCD; AGE FOTO-STOCK; CORDON PRESS; ONCE

Diseño
Cubierta: Alfonso Ruano y Julio Sánchez
Interiores: Estudio SM

Maquetación
Equipo SM

Dirección editorial
Pilar García

Agradecimientos
A las discográficas Universal Records, EMI Music Spain, Dro East West S.A. y Warner Music por la reproducción de las cubiertas de los CD en la página 60.
A las editoriales Salamandra (*Harry Potter y la orden del fénix*, ilustración de cubierta Eduardo Farelo) y Alfaguara Juvenil (*Manolito Gafotas*, ilustración de cubierta Emilio Urberuaga) por la reproducción de las cubiertas de los libros en la página 61.

Comercializa
Para el extranjero:
Grupo Editorial SM Internacional
Impresores, 2 - Urb. Prado del Espino
28660 Boadilla del Monte - Madrid (España)
Teléfono: (34) 91 422 88 00
Fax: (34) 91 422 61 09
internacional@grupo-sm.com

Para España:
Cesma, SA
Joaquin Turina, 39
28044 Madrid
Teléfono: 902 12 13 23
Fax: 902 24 12 22
clientes@grupo-sm.com

Queda prohibida, salvo excepción prevista en la Ley, cualquier forma de reproducción, distribución, comunicación pública y transformación de esta obra sin contar con la autorización de los titulares de su propiedad intelectual. La infracción de los derechos de difusión de la obra puede ser constitutiva de delito contra la propiedad intelectual (arts. 270 y ss. Código Penal). El Centro Español de Derechos Reprográficos vela por el respeto de los citados derechos.

© Clara Miki Kondo; Juan Antonio Ayllón; Teresa Chicharro; Ediciones SM
ISBN: 978-84-675-2125-2
Depósito legal: M-04.556-2011
Impreso en la UE - *Printed in EU*

Índice

Programación 4

Aula Amigos Palabras y números 6
  1 Países y famosos 11
  2 Familia y amigos 23
  • Repaso 1 35

  3 Desayunos y meriendas 39
  4 Música y libros 51
  5 Perros y gatos 63
  • Repaso 2 75

  6 Sol y nieve 79
  7 Guitarras y pinceles 91
  8 Verdades y mentiras 103
  • Repaso 3 115

Mi gramática 120
Mis palabras 126

Aula Amigos 1 Programación

	COMUNICACIÓN	VOCABULARIO	GRAMÁTICA	CULTURA E INTERCULTURA	FONÉTICA	ESTRATEGIAS
AULA AMIGOS **PALABRAS Y NÚMEROS**	Saludar y despedirse Presentarse y decir el nombre Pedir y comprender información en clase Deletrear	Saludos y despedidas Nombres propios Abecedario Números 0 - 10 Fórmulas de cortesía	Pronombres sujeto Presente de indicativo: *ser*, *llamarse* Interrogativos: ¿quién?, ¿cómo? La negación: *no*	Saludos, despedidas, nombres y apellidos	Sonidos del español	Relacionar términos españoles con la lengua del estudiante Control de la comunicación oral
1 PAÍSES Y FAMOSOS	Pedir y dar información personal Hablar de nacionalidades y profesiones Identificar a personas	Países y ciudades Nacionalidades Profesiones	Interrogativos: ¿cómo?, ¿de dónde?, ¿cuántos?, ¿dónde? Presente de indicativo: *hablar*, *ser*, *tener*, *vivir* Preposiciones: *de*, *en* Género y número Artículos determinados	Deporte, cine, música y literatura	*rr*, *cc*, *ll*	Tomar notas breves
2 FAMILIA Y AMIGOS	Hablar de horarios y hábitos en presente Hablar de personas y describirlas	Relaciones de parentesco Horas y fechas Adjetivos de descripción	Presente de indicativo: *estudiar*, *entrar*, *terminar*, *llegar* Preposiciones: *a* *Ser/Tener* en descripciones Determinantes posesivos Pronombres demostrativos	Relaciones familiares y de amistad	*ñ*, *ch*	Inferir significados a través del contexto

REPASO 1 Mis estrategias . Ahora ya sé . Juegos . Soy genial

DOCUMENTOS Y TEXTOS textos dialogados · carnés de biblioteca · tarjetas de presentación · carteles informativos · mapas del mundo · cómics · pósteres · portadas de revistas · agendas · *blogs* · calendarios · *chats*

PORTFOLIO Presentarse · Redactar textos descriptivos sobre personajes famosos · Elaborar un póster de un personaje · Hacer un calendario con los cumpleaños de la clase · Preparar la presentación de un amigo

	COMUNICACIÓN	VOCABULARIO	GRAMÁTICA	CULTURA E INTERCULTURA	FONÉTICA	ESTRATEGIAS
3 DESAYUNOS Y MERIENDAS	Expresar gustos Hablar de las comidas del día Pedir comida o bebida en un establecimiento	Comidas y bebidas Colores Envases	Verbo *gustar* y pronombres *También/Tampoco* Presente de indicativo: *desayunar*, *comer*, *cenar*, *merendar*, *poner*	Horarios y comidas	La tilde La sílaba tónica	Extraer información y organizarla en esquemas o tablas
4 MÚSICA Y LIBROS	Hablar de acciones cotidianas Hablar de objetos y localizarlos	Acciones cotidianas Muebles, objetos y partes de la casa	Presente de indicativo: *leer*, *ver*, *ir*, *estar* Presente de indicativo de verbos reflexivos: *levantarse*, *lavarse*, *ducharse* Artículos contractos: *al* *Hay/Está(-n)* Artículos indeterminados Locuciones adverbiales	Música y lecturas	*j*, *g*	Realizar mapas de palabras
5 PERROS Y GATOS	Describir animales Comparar Expresar necesidad	Animales Adjetivos Objetos y productos para mascotas	Concordancia de género y número Determinantes demostrativos Presente de indicativo: *querer*, *cuidar*, *limpiar* Comparación de igualdad Perífrasis de necesidad: *hay que* + infinitivo Artículos contractos: *del*	Animales en peligro de extinción y el pasaporte de animales domésticos	*c*, *qu*	Usar diccionarios y hacer listas de vocabulario

REPASO 2 Mis estrategias . Ahora ya sé . Juegos . Soy genial

DOCUMENTOS Y TEXTOS textos dialogados · menús escolares · cómics · recetas · test · mensajes de móvil · anuncios breves · canciones · estadísticas · fichas personales · carteles publicitarios · declaraciones de derechos · instrucciones · billetes de tren

PORTFOLIO Elaborar un menú semanal · Redactar un documento con las bebidas y comidas preferidas de la clase · Escribir un anuncio breve · Dibujar el plano de la clase ideal · Hacer un cuestionario · Elaborar un mural con los animales preferidos de la clase

	COMUNICACIÓN	VOCABULARIO	GRAMÁTICA	CULTURA E INTERCULTURA	FONÉTICA	ESTRATEGIAS
6 SOL Y NIEVE	Hablar del clima Indicar cantidad Expresar acciones en futuro	Expresiones sobre el clima Complementos para el calor y el frío	Presente de indicativo: *hacer, llover, nevar* Gradativos de cantidad Adverbios de modo: *bien, mal* Perífrasis de futuro y marcadores temporales	Lugares de vacaciones y el lenguaje gestual	*b, v*	Técnicas de lectura: global y selectiva
7 GUITARRAS Y PINCELES	Hablar de habilidades Preguntar por algo (no) mencionado Hablar de intereses personales Mostrar interés	Actividades artísticas y de ocio Expresiones para mostrar interés	Presente de indicativo: *saber, aprender, enseñar* Interrogativos: ¿*qué?, ¿cuál?* Conjunción adversativa *pero* *Aprender/Enseñar* con sustantivos e infinitivos Frases exclamativas	Música, bailes tradicionales y pintores	Separación silábica y sílaba tónica	Buscar información y completar fichas
8 VERDADES Y MENTIRAS	Hablar de acciones en curso Narrar hechos en presente	Cuentos: lugares, historias y protagonistas	Formación del gerundio Perífrasis *estar* + gerundio Presente de indicativo: *hacer, salir, venir, jugar* Referentes temporales *Ir/Venir*	Adivinanzas y trabalenguas tradicionales y literatura juvenil	*qu, gu*	Técnicas de lectura: subrayado

REPASO 3   Mis estrategias · Ahora ya sé · Juegos · Soy genial

DOCUMENTOS Y TEXTOS   textos dialogados · mapas meteorológicos · postales · cómics · reportajes · correos electrónicos · folletos · discursos · anuncios breves · canciones · cuadros · diarios · cuentos de miedo · trabalenguas y adivinanzas · literatura juvenil · fichas de trabajo

PORTFOLIO   Escribir un correo electrónico · Elaborar una guía de viajes · Redactar un anuncio breve · Elaborar el folleto de una academia · Escribir un cuento de miedo · Dibujar un cómic a partir de una historia

APÉNDICES

MI GRAMÁTICA

MIS PALABRAS

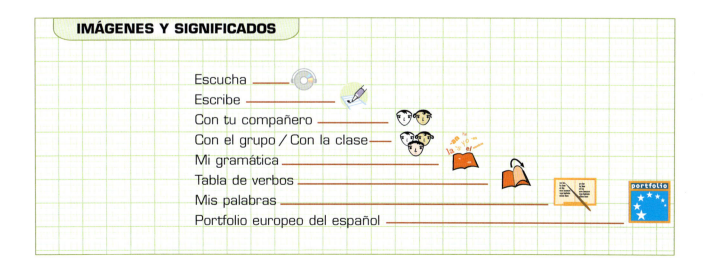

IMÁGENES Y SIGNIFICADOS

Escucha _____
Escribe _____
Con tu compañero _____
Con el grupo / Con la clase _____
Mi gramática _____
Tabla de verbos _____
Mis palabras _____
Portfolio europeo del español _____

AULA AMIGOS

Palabras y números
Saludar y despedirse

Saludos

Hola, ¿qué tal?

Buenos días

Buenas tardes

Buenas noches

Despedidas

Adiós
Hasta mañana
Hasta luego

ACTIVIDADES

1 ¿Buenos días, buenas tardes o buenas noches?

16:30   9:00   22:30

2 Escucha. Los saludos y las despedidas también se combinan.

¿Qué tal?
Buenos días
Buenas tardes
Buenas noches

Hola

Buenos días
Buenas tardes
Buenas noches
Hasta mañana
Hasta luego

Adiós

6 seis

Presentarse y decir el nombre

yo   tú   él/ella   nosotros/-as   vosotros/-as   ellos/-as

- ¿Quién eres?
- Soy Lucía.

- ¿Tú eres Martín?
- No, soy Antonio.

- ¿Cómo te llamas?
- Me llamo Juan.
- ¿Y ella, cómo se llama?
- Se llama Carmen.

SER
(yo) soy
(tú) eres
(él/ella) es

LLAMARSE
(yo) me llamo
(tú) te llamas
(él/ella) se llama

ACTIVIDADES

3 Relaciona con el pronombre correspondiente.

Juan y Rosa
Ana y yo
Luis y tú
la profesora
Pedro

nosotros
él
vosotros
ellos
ella

4 ¿Quiénes son?

Es Rafael Nadal.

Es Alejandro Amenábar.

Es Íker Casillas.

Es Salma Hayek.

Es Christina Aguilera.

No es Rafael Nadal.
Es Jorge Valdano.

5 Saluda, preséntate y pregunta a otro compañero su nombre.

- ¡Hola! Me llamo Ana. ¿Cómo te llamas?
- ¡Hola! Me llamo Mark. ¿Cómo te llamas?
- ¡Hola! Me llamo…

NOTAS

Nombres:
Lucía   Rafael
Cristina   Alejandro
Natalia   Antonio
Carmen   Juan

Pedir y comprender información en clase

- ¿Cómo se dice en español...?
- ¿Puedes repetir, por favor?
- ¿Qué significa *amigos*?
- ¿Cómo se escribe *hola*?
- Más despacio, por favor.
- Gracias.
- De nada.

ACTIVIDADES

6 Completa con algunas de las frases del recuadro anterior.

Más despacio, por favor.

7 Elige la respuesta correcta.

con hache   libro   bolígrafo   (cuaderno)

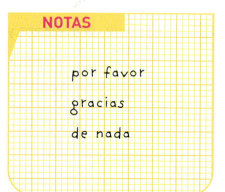

¿Cómo se dice [cuaderno] en español?   Cuaderno.

¿Cómo se dice [bolígrafo] en español?   ....

¿Cómo se escribe *hospital*?   ....

¿Cómo se dice [libro] en español?   ....

NOTAS

por favor
gracias
de nada

8 ocho

El abecedario y deletrear

alumno [a] **b**ueno [be] **c**ine [ce] **d**isco [de] **e**studiante [e] **f**amoso [efe]

gente [ge] **h**otel [hache] **i**magen [i] **j**ulio [jota] **k**ilo [ka] **l**ibro [ele] **m**úsica [eme]

no [ene] e**ñ**e [eñe] **o**céano [o] **p**rofesor [pe] **q**uién [cu] **r**ojo [erre] **s**í [ese]

tú [te] **u**no [u] **v**er [uve] ki**w**i [uve doble] ta**x**i [equis] **y**o [i griega] **z**oo [ceta]

- ¿Cómo se deletrea *clase*?
- ce - ele - a - ese - e

¿Cómo se deletrea *abeja*?

ACTIVIDADES

8 Busca palabras que se escriben similar en tu idioma y en español.

chocolate · animal · (taxi) · hospital · restaurante · radio · hotel
teléfono · café · disco · casa · cine · farmacia · libro

9 Escucha y completa estas palabras.

..z.apato   bi.....icleta   .....asa   .....ulio   .....ente

10 Deletrea dos de estas palabras a tu compañero.

erre-a-de-i-o

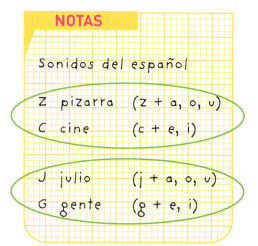

NOTAS

Sonidos del español

Z pizarra   (z + a, o, u)
C cine   (c + e, i)

J julio   (j + a, o, u)
G gente   (g + e, i)

Los números

0: cero

1: uno   6: seis

2: dos   7: siete

3: tres   8: ocho

4: cuatro   9: nueve

5: cinco   10: diez

ACTIVIDADES

11 Escribe los números con letra.

1 ...uno... 3 .... 5 .... 2 .... 4 ....

12 Escribe los números con cifras.

seis ...6... nueve .... ocho .... siete .... DIEZ ....

13 Calcula y escribe el resultado.

 = ...dos...

 = ...

○○○○ + ■■ = ...

○○○○ + ■■■■■■■ − ■ = ...

14 Descubre los números secretos y calcula la suma.

Q + Q = 2   Q es el ...uno...

A + Q = 3   A es el ....

A + B = 5   B es el ....

P + Q + A = 7   P es el ....

B + A + Q + P = ...

NOTAS

0 cero
1 uno
2 dos
3 tres
4 cuatro
5 cinco
6 seis
7 siete
8 ocho
9 nueve
10 diez

Países y famosos

1 Mira las fotografías y anota de dónde son estas personas.

Orlando Bloom es ....

Penélope Cruz es <u>española</u>.

Juanes es ....

El Guerrouj es ....

Ronaldinho es ....

Avril Lavigne es ....

canadiense
inglés/-a
marroquí
colombiano/-a
(español/-a)
brasileño/-a

- Señala las profesiones de estos famosos.
  Penélope Cruz es actriz.

actor/(actriz)
cantante
deportista

COMUNICACIÓN
→ Pedir y dar información personal
→ Hablar de nacionalidades y profesiones
→ Identificar a personas

VOCABULARIO
→ Países y ciudades
→ Nacionalidades
→ Profesiones

GRAMÁTICA
→ Interrogativos: ¿cómo?, ¿de dónde?, ¿cuántos?, ¿dónde?
→ Presente de indicativo: hablar, ser, tener, vivir
→ Preposiciones: de, en
→ Género y número
→ Artículos determinados

CULTURA
→ Artistas y revistas

COMPRENSIÓN  Lección 1

¿Cómo te llamas?

 2 Escucha y lee el diálogo. ¿Cuáles son los datos personales de estos dos chicos?

- Hola, ¿cómo te llamas?
- ¿Yo? Me llamo María. ¿Y tú?
- Yo, Víctor. Eres italiana, ¿verdad? ¿De dónde eres?
- Sí, soy de Pisa.
- ¡Ah!, de Pisa. Yo soy español, soy de Sevilla pero vivo en Madrid.
- ¿Cuántos años tienes?
- Tengo doce. ¿Y tú?
- Trece.
- Y... ¿dónde vives?
- Vivo en la calle Alondra, n.º 3, con una familia española. ¿Y tú?
- En la calle Colón, n.º 7. Y... ¿estudias español?
- Sí, en el colegio.
- Pues yo estudio italiano.
- ¡Qué bien! ¡Hablas italiano!

Datos personales		
Se llama:	María/Marta/Marga	Victoria/Víctor/Vicente
Es:	española/portuguesa/italiana	italiano/portugués/español
Es de:	Madrid/Pisa/Lisboa	Madrid/Sevilla/Siena
Tiene:	16 años / 13 años / 14 años	12 años / 13 años / 14 años
Vive en la calle:	Alondra, n.º 3 / Alondres, n.º 3 / Almendra, n.º 6	Colón, n.º 3 / Colombo, n.º 2 / Colón, n.º 7

3 Completa los carnés de María y de Víctor.

12 doce

4 ¿Cómo se llama, de dónde es y dónde vive este chico? Fíjate en las pistas.

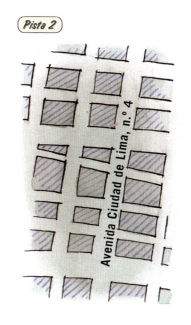

5 Anota los datos de dos compañeros de clase: nombre, nacionalidad, dirección y edad. Compara con tus datos.

Mario tiene once años, es de Oporto y vive en Lisboa y yo tengo once años, soy de Coimbra y vivo en Lisboa. Los dos vivimos en Lisboa y tenemos once años.

Agenda de gramática

Pedir información personal

¿Cómo te llamas?
¿De dónde eres?/¿De dónde sois?
¿Eres español? ¿Sois de Málaga?
¿Sois griegas?
¿Cuántos años tienes? /
¿Cuántos años tenéis?
¿Dónde vives? / ¿Dónde vivís?

Dar información personal

Me llamo Víctor Otero.
Soy español. Soy de Santander.
Tengo doce años.
No vivo en Madrid. Vivo en Santander.
Vivo en la calle Alta, n.º 3.
Hablo inglés y español.

Nosotros somos de Salónica y ellos son de Patrás. Tenemos doce años. Vivimos en Atenas.

Interrogativos

¿cómo?	¿de dónde?	¿cuántos?	¿dónde?
(nombre)	(nacionalidad)	(edad)	(dirección)

Presente de indicativo

	HABLAR	SER	TENER ▲	VIVIR
(yo)	hablo	soy	tengo	vivo
(tú)	hablas	eres	tienes	vives
(él/ella)	habla	es	tiene	vive
(nosotros/-as)	hablamos	somos	tenemos	vivimos
(vosotros/-as)	habláis	sois	tenéis	vivís
(ellos/-as)	hablan	son	tienen	viven

▲ tener: g, e > ie

Preposiciones

Origen: de
Localización: en

¡Observa!

No vivo **en** Francia. Vivo **en** Madrid.
Vivo **en** la calle Toledo.

COMPRENSIÓN — Lección 2

Es un actor mexicano

6 Lee el cartel, observa las imágenes y responde a las preguntas.

- ¿Quiénes son los actores?
- ¿Quiénes son los músicos?
- ¿Quién es la escritora?
- ¿Quién es el deportista?

7 Escucha y completa la información de los protagonistas de la semana cultural.

¿Cómo se llama/-n?	¿De dónde es/son?	¿Qué es/son?
Laurence Fishburne, Keanu Reeves		
	Son irlandeses.	
Laura Gallego		
		Es deportista.

EXPRESIÓN

8 Piensa en una de estas parejas de famosos y averigua la de tu compañero.

¿Son actores? ¿Son ingleses? ¿Son...?

Monica Bellucci — Penélope Cruz

Daniel Alan Racdliffe

Jude Law

Italia

Laura Pausini

Alejandro Sanz

Carmen Consoli

Manu Chao

España

Francia

Gwyneth Paltrow

Elsa Pataky

Viggo Mortensen

Johnny Deep

Estados Unidos

Reino Unido

Agenda de gramática

Hablar de nacionalidades y profesiones

- ¿Eres español? ¿Y ellas?
- No, no soy español. Yo soy argentino y ellas son colombianas.

Kate es inglesa y Fátima es marroquí.

Soy profesora.
Él es deportista y ella es periodista.
Él es actor y ella es actriz.
Pietro no es actor, es cantante.
Ellas son estudiantes.

Identificar a personas

¿Quién es la escritora de *Memorias de Idhún*?
¿Quiénes son los actores?
Enrique es el profesor de español.

Género y número

	singular	plural
masculino	-o	-s
	argentino	argentinos
	-Ø	-es
	español	españoles
	profesor	profesores
femenino	-a	-s
	argentina	argentinas
	española	españolas
	profesora	profesoras
masculino y femenino	-e	-s
	estudiante	estudiantes

¡La abeja!

¡Las abejas!

Artículos determinados

	singular
masculino	el actor
femenino	la actriz

	plural
masculino	los actores
femenino	las actrices

¡Observa!

el chico / la chica
los chicos / las chicas

VOCABULARIO

Capitales

9 Localiza en el mapa los países y anota sus capitales.

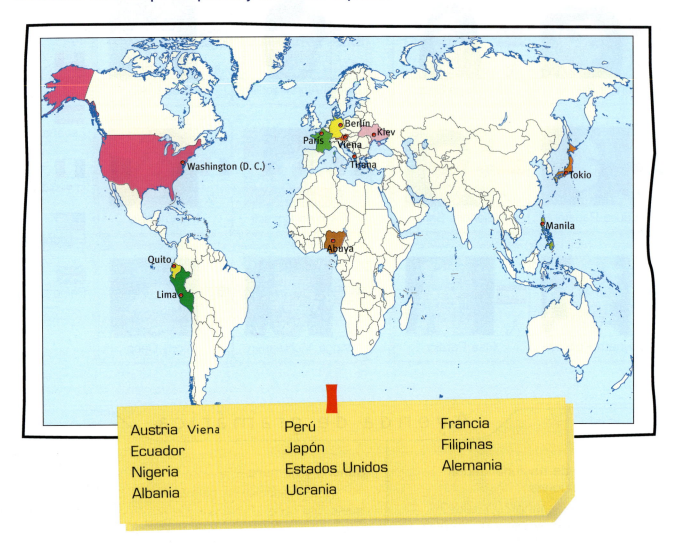

Austria Viena	Perú	Francia
Ecuador	Japón	Filipinas
Nigeria	Estados Unidos	Alemania
Albania	Ucrania	

10 Relaciona la nacionalidad con el país.

albanés/albanesa	→ Albania
ecuatoriano/-a	
nigeriano/-a	
peruano/-a	
austriaco/-a	
francés/francesa	
japonés/japonesa	
estadounidense	
ucraniano/-a	
alemán/alemana	
filipino/-a	

[f]

Escucha las siguientes palabras y fíjate en cómo suena *rr*, *cc* y *ll*.

pero/perro
acción/relación
lana/llana

El sonido de *rr* se escribe *r-* al inicio de palabra.

Escribe las siguientes palabras.

Gente famosa

11 Lee los siguientes carteles y averigua quiénes son sus protagonistas.

No son actores.
No son ingleses.
Son franceses.
Viven en la Galia.

Son ....

Ella es princesa.
Él no es príncipe.
Los dos son verdes y viven felices.

Son ....

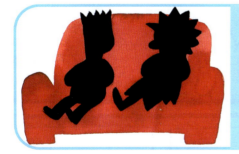

Son estadounidenses.
No son cantantes.
Viven en la televisión.

Son ....

Son de La Mancha.
No son alemanes.
Hablan español.

Son ....

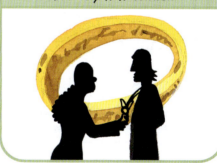

Ella es Elfo.
Él es rey de Arnor y Gondor.
Los dos son personajes en la obra de J. R. R. Tolkien.

Son ....

12 Piensa en una pareja famosa y escribe un texto como los anteriores.

PREPARA TUS IDEAS

- Pueden ser famosos de la televisión, el cine, la música, la política…
- Pueden ser amigos, pareja sentimental, familia, pueden trabajar juntos…
- Anota algún dato que los dos personajes tienen en común.

REFLEXIÓN GRAMATICAL

Me llamo Hildur

13 Lee el cómic y contesta las preguntas.

- ¿Cómo preguntas a una persona el nombre y la dirección?
- ¿Qué persona *(yo, tú, él/ella)* se escribe con *g* en el presente del verbo *tener*?
- Completa la frase: ¿*en* o *de*? Vivo .... Barcelona.
- Escribe el femenino de: estudiante ....; actor ....; deportista ....

PRÁCTICA GRAMATICAL

14 Une los elementos de las preguntas y relaciónalas con sus respuestas.

Preguntas		Respuestas
¿Cómo	años tiene Ana?	Pablo.
¿Cuántos	vive Carlos?	Doce.
¿Dónde	eres?	De Valencia.
¿De dónde	se llama?	En la calle Mayor, n.º 9.

15 Organiza los verbos *tener* y *vivir*.

vivimos tengo vives vive tiene vivo
tienes tenemos vivís tenéis tienen viven

	TENER	VIVIR
(yo)	tengo	....
(tú)	....	....
(él/ella)	....	....
(nosotros/-as)	....	vivimos
(vosotros/-as)	....	....
(ellos/-as)	....	....

16 Escribe la profesión y la nacionalidad.

17 Completa con el artículo o el sustantivo.

artículo	sustantivo	
la	(amigo)	amiga
los	(español)	....
....	actrices	
la	(cantante)	....
las	(profesor)	....
....	escritores	
el	(deportista)	....
los	(famoso)	....
....	famosa	

portfolio

18 Haz un póster de un famoso.

Busca información en internet, en libros, en revistas... sobre él o ella.

Recorta los elementos y fotografías más representativas.

Diseña tu póster.

ACTOR CÓMICO INGLÉS

CHARLOT

Cine mudo

Blanco y negro

CULTURA

Artistas

 19 Escribe las profesiones de cada pareja. Escucha y anota sus nacionalidades.

 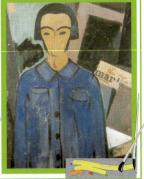

Frida Kahlo   Salvador Dalí

Federico García Lorca   Zoé Valdés

1 Son ....

2 Son ....

Ricky Martin   Ana Belén

Benicio del Toro   Victoria Abril

3 Son ....

4 Son ....

1 Ella es .... y él es ....
2 ....
3 ....
4 ....

> América Latina tiene 27 países y alrededor de 500 millones de personas. La población de América Latina habla muchos idiomas, principalmente el español, pero también el francés, el inglés y el portugués. En muchos países, como Perú, Bolivia, Ecuador o Paraguay también hablan lenguas indígenas, como el quechua, el aimara o el guaraní.

20 Lee el texto y averigua en internet o en la enciclopedia en qué países de América Latina hablan estos idiomas.

francés   portugués   guaraní

Revistas

21 Mira estas portadas de revistas de famosos y descubre a sus protagonistas.

osnolA odnanreF

epileF y aiziteL

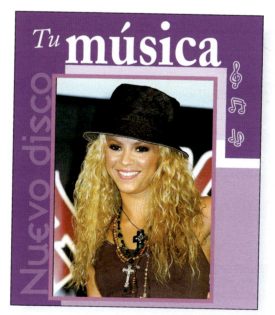

arikahS

medraB reivaJ

- Piensa en personajes famosos del deporte, del cine, de la música y de la literatura de tu país. ¿Son famosos en otros países?

autoevaluación
Países y famosos

22 Responde a las siguientes preguntas y comprueba tus conocimientos.

a Completa las informaciones.
¿Cuántos años .... tú?
Yo .... 11 años.

b Di el masculino de estas profesiones.
profesora ....
estudiante ....
deportista ....
actriz ....
cantante ....

c Completa los datos personales.
Es .... España.
Vive .... Salamanca.
Vive .... la calle Cervantes, n.° 7.

d Completa con *el, la, los, las*.
.... amiga   .... pintores
.... dirección   .... escritor
.... chico   .... película
.... actrices   .... revistas

e Señala las nacionalidades de estos países.

f Escribe el verbo *ser* en las formas del plural.
nosotros/-as ....
vosotros/-as ....
ellos/-as ....

g Señala la frase correcta.
Vivo en calle San Bernardo.
Vivo en la calle San Bernardo.

h Ordena la pregunta para saber la nacionalidad.
¿dónde eres de tú?
....

i Escribe sus profesiones y nacionalidades.
Zoé Valdés
Frida Kahlo

j Completa con el verbo *hablar*.
Yo .... inglés y
Elena .... español y francés.

---

portfolio ★★★★★★

23 Haz tu autoevaluación de esta unidad.

	sí	no
¿Puedo pedir y dar información personal?		
¿Puedo identificar a personas?		
¿Puedo decir nombres de países, ciudades y profesiones en español?		
¿Puedo hablar de artistas y famosos de España y América Latina?		

Familia y amigos

2

1 Fíjate en la agenda de Carmen y señala si sus teléfonos son de familia (F) o de amigos (A).

• Anota tres teléfonos de tu familia y tres de tus amigos.

Familia

Nombre   Teléfono

☎ .... ☎ ....
☎ .... ☎ ....
☎ .... ☎ ....

Amigos

Nombre   Teléfono

☎ .... ☎ ....
☎ .... ☎ ....
☎ .... ☎ ....

COMUNICACIÓN
→ Hablar de horarios y hábitos en presente
→ Hablar de personas y describirlas

VOCABULARIO
→ Relaciones de parentesco
→ Horas y fechas
→ Adjetivos de descripción física

GRAMÁTICA
→ Presente de indicativo: *estudiar, entrar, terminar, llegar*
→ Preposiciones: *a*
→ *Ser/Tener* en descripciones
→ Determinantes posesivos
→ Pronombres demostrativos

CULTURA
→ Amigos y familias

COMPRENSIÓN — Lección 1

¿Qué hora es?

2 Escucha y lee el diálogo. ¿A qué hora realiza Laura estas actividades?

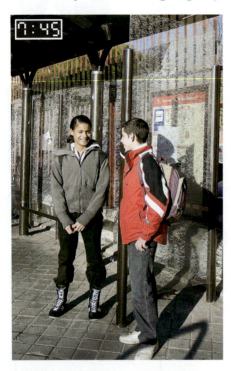

- ¡Hola, Laura! Buenos días. ¿Qué hora es?
- ¡Hola, Luis! Son las ocho menos cuarto.
- Entras en el colegio ahora, ¿no?
- Sí, ahora, a las ocho.
- Yo entro a las ocho y media, y termino las clases a las dos y media. ¿Y tú? ¿Cuándo terminas las clases?
- A las dos en punto.
- La tarde libre, ¿no?
- No, tengo clases de español.
- Ah… ¡Estudias español en el colegio! Yo estudio francés. ¿A qué hora tienes clase de español?
- A las cuatro, y termino a las cinco y media.
- ¿Y a qué hora llegas a casa?
- A las ocho menos cuarto porque a las seis y cuarto tengo clase de piano hasta las siete y cuarto. Los lunes y los miércoles llego un poco más tarde porque a las seis y media tengo clase de pintura.
- Ah… ¡Qué ocupada!

Entra en el colegio <u>a las ocho</u>.

Termina las clases ....

Estudia español ....

Estudia piano ....

Estudia pintura ....

Llega a casa ....

24 veinticuatro

3 Observa los siguientes relojes y escribe qué hora es en cada uno de ellos.

Big Ben (Londres)
....

Palazzo Vecchio (Florencia)
....

Puerta del Sol (Madrid)
....

4 Pregunta a tu compañero a qué hora hace estas actividades y dibújalas en el reloj.
- ¿A qué hora tienes clase de español?
- A las cinco.

clases de español   terminar el colegio

entrar en el colegio   llegar a casa

Agenda de gramática

Hablar de horarios
- ¿Qué hora es?
- Es la una y media. / Son las dos y cuarto.

Son las tres.   Son las tres y cuarto.

Son las tres y media.   Son las cuatro menos cuarto.

Hablar de hábitos en presente
- ¿Cuándo estudias español?
- Estudio español a las seis.

¿A qué hora entras en el colegio?
Termino las clases a las cuatro.
Llegamos a casa a las cinco.

Presente de indicativo

	ESTUDIAR	ENTRAR	TERMINAR	LLEGAR
(yo)	estudio	entro	termino	llego
(tú)	estudias	entras	terminas	llegas
(él/ella)	estudia	entra	termina	llega
(nosotros/-as)	estudiamos	entramos	terminamos	llegamos
(vosotros/-as)	estudiáis	entráis	termináis	llegáis
(ellos/-as)	estudian	entran	terminan	llegan

Preposiciones

Hora: a
Destino: a

¡Observa!

¿Qué hora **es**?
Es la una y media.
Son las dos menos cuarto.

COMPRENSIÓN
Lección 2

Esta es mi familia

5 Lee el *blog* de Ángela, observa la foto y completa quién es cada uno de sus familiares.

Nombre: Ángela
Nacionalidad: española, Madrid

Ver datos completos

MIS ESCRITOS
Mis famosos
Fotos y países
Toda mi familia
Música y libros
Amigos

ARCHIVOS
septiembre 2007
octubre 2007
diciembre 2007
enero 2008
marzo 2008

Toda mi familia

Miércoles 15 de diciembre de 2008

Este es mi ....

Estos son mis ....   Esta es mi ....   Esta es mi ....

Esta es mi familia, ¡qué foto más bonita!
¡Es mi cumpleaños!
Estos son mis padres, mis abuelos, mi tía, mi hermano y mi hermana. ¿Quién es quién?
¡Qué guapa es mi madre! Tiene el pelo largo y castaño y los ojos azules, y es un poco baja. Mi padre es alto, moreno y tiene gafas y los ojos marrones. Mi abuelo Ramón es bajo (como mi madre), tiene el pelo corto y gafas. Mi abuela es delgada y también baja, y tiene los ojos verdes. Mi tía es joven y muy guapa, es muy rubia. Mi hermano es delgado, tiene el pelo corto y moreno y tiene los ojos azules.
¡Ah, y yo soy la chica con el pelo negro!

• Localiza a quiénes corresponden estas descripciones.

Es alto. Tiene gafas. Es ....
Tiene el pelo moreno y corto. Es ....
Es bajo y tiene gafas. Es ....
Tiene los ojos azules y el pelo largo y castaño. Es ....

• Describe a la hermana de Ángela.

EXPRESIÓN

6 Elige una persona de esta imagen. Tu compañero tiene que adivinar quién es.

¿Es un chico / una chica? ¿Tiene los ojos azules/marrones? ¿Tiene gafas?

¿Tiene el pelo largo/corto/rizado/liso? ¿Es gordo/-a? ¿Es delgado/-a?

¿Es alto/-a? ¿Tiene el pelo rubio/castaño/moreno?

Equipo OJOS AZULES   Equipo OJOS MARRONES

7 Trae una fotografía de tu familia y descríbela.

Este es mi hermano, es alto…

Agenda de gramática

Hablar de personas y describirlas

Mi padre es alto, delgado, moreno y tiene los ojos marrones.

Su madre es baja, tiene el pelo rubio y corto, y tiene gafas.

Este es mi abuelo.

¿Esta es tu tía?

Estas son mis hermanas.

Ser/Tener en descripciones

ser + alto/-a, bajo/-a / gordo/-a, delgado/-a / rubio/-a, castaño/-a, moreno/-a / guapo/-a / simpático/-a

tener + el pelo largo, corto… / los ojos azules… / gafas, bigote…

Determinantes posesivos

singular	plural
mi amigo	mis amigos
tu amigo	tus amigos
su amigo	sus amigos

Pronombres demostrativos

	singular	plural
masculino	este	estos
femenino	esta	estas

¡Mi amiga!

¡Observa!

Mi padre **tiene** gafas y bigote.

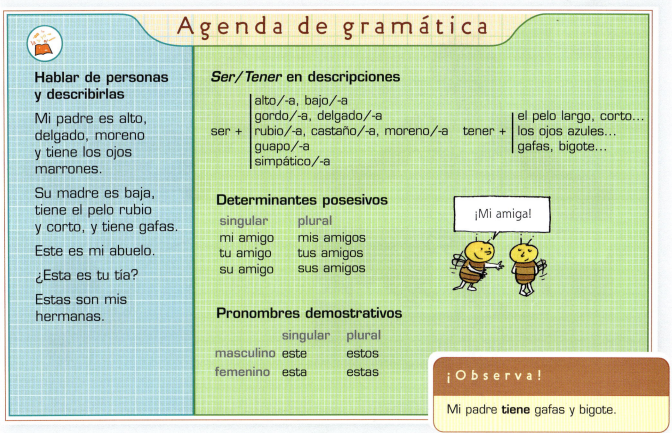

VOCABULARIO

Días y meses

8 Selecciona los meses y escríbelos en orden cronológico.

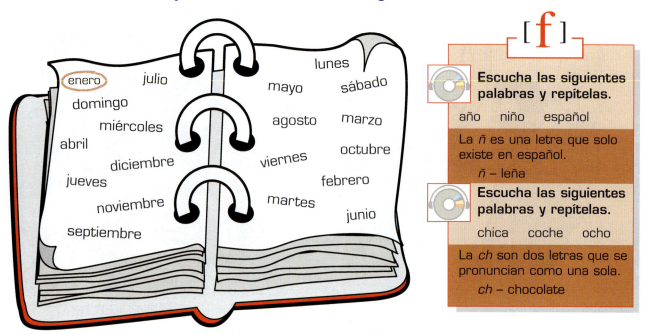

enero, julio, domingo, lunes, mayo, sábado, miércoles, agosto, marzo, abril, octubre, diciembre, viernes, jueves, febrero, noviembre, martes, junio, septiembre

[f]

Escucha las siguientes palabras y repítelas.
año   niño   español

La *ñ* es una letra que solo existe en español.
ñ – leña

Escucha las siguientes palabras y repítelas.
chica   coche   ocho

La *ch* son dos letras que se pronuncian como una sola.
ch – chocolate

9 Fíjate en los deportes que hace Diego e imagina qué día de la semana los practica. Escucha y comprueba.

nadar · patinar · montar en bicicleta · practicar esgrima

Mi calendario

10 Observa el calendario de Isabel y responde a las preguntas.

- ¿Cuándo estudia español?
  ¿Cuándo tiene exámenes? ¿Cuándo tiene vacaciones?
  ¿Cuándo es el cumpleaños de su padre?

- Completa la información.

  El día trece de octubre ....

  El miércoles dieciocho de octubre ....

  El doce de diciembre ....

  El veintitrés de septiembre ....

11 Haz el calendario de los cumpleaños de la clase.

PREPARA TUS IDEAS

▸ Diseña un calendario con los meses del año.

▸ Consigue la información que necesitas: nombre de la persona, fecha de su cumpleaños: día, mes, día de la semana.

▸ Revisa con tu compañero los datos.

▸ Ordénalos por meses y anótalos en tu calendario.

REFLEXIÓN GRAMATICAL

Es alto y moreno

12 Lee el cómic y contesta las preguntas.

- ¿Cómo preguntas la hora en español? ¿Cómo describes a una persona?
- ¿*Ser* o *tener*? .... alto y moreno. .... muy guapo. .... gafas.
- **Di el singular de:** estos .... estas ....
- **Completa con el verbo** *estudiar*: nosotras ....; vosotros ....; ellas ....

PRÁCTICA GRAMATICAL

13 Completa con *estudiar, terminar, entrar, llegar*.

- Nosotros ......entramos...... en el colegio a las ocho.
- ¿Tú .... en la biblioteca?
- Mi madre .... en la oficina a las seis.
- Yo .... a casa a las seis y cuarto.
- Tus tíos entran a las siete en el hospital ¿no? Y ¿a qué hora ....?

14 Escribe el verbo *ser* o *tener* donde corresponda.

....

15 Escribe el posesivo.

- El hijo de mis padres = ...mi...... hermano
- El hermano de Carmen = ... hermano
- Las hijas de tu abuela que no son tu madre = ... tías
- Los hijos de Cristina = ... hijos
- El padre de mi padre = ... abuelo

16 Relaciona las informaciones.

17 Coloca las palabras en su casilla correcta.

números	días	meses	colores
dieciséis	jueves	abril	azul

portfolio ★★★★★

18 Haz un cartel para presentar a un amigo a la clase.

Pega una fotografía suya o dibuja una caricatura.

Completa sus datos.

Su nombre
Su edad
Su descripción
Su cumpleaños
Su color preferido
Su ciudad
Sus deportes y actividades

Preséntalo a la clase.

31 treinta y uno

CULTURA

Amigos

19 Escucha a Carlos hablar de sus amigos y señala de qué se conocen.

Federico y su familia
España, agosto, 2007

Kate y Lisa

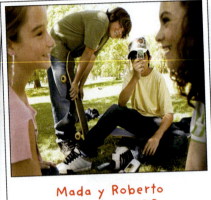
Mada y Roberto
Irlanda, 2008

| de las vacaciones | de un intercambio | de clase |

- ¿De qué conoces tú a tus amigos?

20 Lee la conversación que tiene Carlos a través de internet y responde a las preguntas.

```
Carlos: ¡Hola, chicos!
Mada: ¡Hola! ¡Qué onda!
Roberto: ¿Qué tal?
Carlos: Bien. Una pregunta, ¿cómo es tu familia? Es para un trabajo del colegio...
Roberto: ¿Mi familia?
Carlos: Sí, ¿cuántos sois? ¿Tenéis hermanos?
Roberto: En mi familia somos cinco: mi madre, el novio de mi madre, mis hermanas y yo. Y vos, Mada, ¿Sos hija única?
Mada: No. Nosotros somos mi madre, mi hermano y yo.
Carlos: Muchas gracias, chicos. Otra cosa, ¿de dónde son tus amigos, Roberto?
Roberto: Muchos son de Uruguay, como yo, de mi colegio, y también del intercambio en Irlanda.
Carlos: ¿Y tus amigos, Mada?
Mada: Mis amigos son de México, mi país. También de mi barrio, de las clases de guitarra... y de Irlanda, del intercambio.
Roberto: ¡En agosto voy a España!
Carlos: ¡Qué bien! ¡Tengo fotos de Irlanda!
Mada: Chicos, tengo clase. Adiós a todos.
Roberto: Chau.
```

- ¿Tienes amigos de otros países o ciudades? ¿De dónde son? ¿Cómo te comunicas con ellos?

21 Lee el texto y anota los saludos y las despedidas.

> El español de América Latina y el español de España son diferentes. Por ejemplo, en México los amigos para saludarse dicen "¡Hola! ¡Qué onda!" y en España dicen "¡Hola! ¿Qué tal?". En España para despedirse dicen "Hasta luego" y en Uruguay dicen "¡Chau!". En España dicen "tú eres" y "vosotros sois" y en Uruguay y en Argentina dicen "vos sos" (esto se llama "voseo") y "ustedes son".

Familias

 22 Observa estas imágenes de familias españolas.

Ellos son Lara y Fernando con Marina y Carlos.

Esta es Nuria con sus padres Rocío y Jaime.

Estos son Pepe y Marce con sus hijos y sus nietos.

Ella es Clara con su hija Susana.

Él es Manuel con su hijo Hugo.

Ellos son Alberto y Cristina.

- ¿Cómo es tu familia? Pregunta a tus compañeros.

  En mi familia somos mi padre, mi madre, mi hermano y yo.

autoevaluación
Familia y amigos

23 Responde a las siguientes preguntas y comprueba tus conocimientos.

a) Escribe la forma correcta del verbo.

Mi hermano (estudiar) .... en el colegio.

Mis padres (llegar) .... a casa a las cinco.

b) Relaciona.

doce — 16
quince — 30
veinte — 12
diecinueve — 19
treinta — 14
dieciséis — 15
catorce — 20

c) Escribe los meses que faltan.

enero   abril
     agosto   mayo
septiembre   noviembre
.... julio
octubre   marzo   diciembre
....

d) Señala el intruso en la siguiente lista.

tía
amigos
abuelos
hermana

e) Relaciona los relojes con estas horas.

las dos y media
las cinco
las siete y cuarto
las doce menos cuarto

f) Completa con la expresión correcta.

A qué hora
Qué hora
En qué hora

¿............... terminas el colegio?
A las tres.

g) Elige los adjetivos para describir a esta chica.

Tiene gafas. / No tiene gafas.
Es rubia/morena.
Tiene el pelo largo/corto.
Tiene los ojos azules/negros.

h) Escribe cuántas personas sois en tu familia.

i) Completa con *este, esta, estos, estas*.

.... son mis amigas.
.... es mi colegio.
.... son mis profesores.
.... es mi familia.

j) Escribe un saludo y una despedida de América Latina.

---

portfolio ★★★★★★★

24 Haz tu autoevaluación de esta unidad.

	sí	no
¿Puedo preguntar y decir la hora?		
¿Puedo hablar de mis horarios durante la semana?		
¿Puedo describir a mi familia y a mis amigos?		
¿Puedo hablar de días y meses del año?		
¿Puedo identificar alguna diferencia entre el español de España y el español de América Latina?		

Mis estrategias

REPASO 1

1 Lee el *chat* y escribe el equivalente en tu idioma de las siguientes expresiones.

```
2016: Hola 🙂
Mikel: Hola 😎
2016: ¿Cómo te llamas?
Mikel: Mikel. ¿Y tú?
2016: Me llamo Paula. ¿Cómo se dice how are you en español?
Mikel: Se dice "¿qué tal?"
2016: ¿Qué tal?
Mikel: Bien ¿Y tú? 😄
2016: Muy bien.
Mikel: 🙂
```

hola ....
adiós ....
gracias ....
de nada ....

¿Cómo te llamas? ....
¿Cómo se dice en español...? ....

2 Lee la información sobre Shakira y toma notas de sus datos.

Es una cantante colombiana muy famosa. Su nombre artístico es Shakira, pero en su casa y en su ciudad, Barranquilla, su nombre es Isabel Mebarak Ripoll. Sus discos son éxitos internacionales: *Magia, Peligro, Pies descalzos*...

NOTAS

Nombre real:

Nombre artístico:

Nacionalidad:

Discos:

3 Lee el texto de Clara y averigua por el contexto estas informaciones.

Mi familia y mis amigos

Silvia es alta y morena, como yo y como mi madre. Tiene 15 años y yo 11. Ella siempre estudia en la habitación, en casa. Yo estudio en el colegio porque la habitación es pequeña para estudiar las dos.
Javier y Miguel son hermanos, tienen 12 y 14 años y viven cerca de casa, son vecinos. Son muy simpáticos. Estudian español en el colegio, como nosotras.

Clara

¿Quiénes son Javier, Miguel y Silvia?
¿Cómo se llaman las personas que viven cerca de tu casa?

- Revisa tus notas de las unidades 0, 1, y 2. Complétalas y organízalas.
- Selecciona la información más importante y complétala.
- Organízala por unidades, gramática, vocabulario, cultura...

treinta y cinco

REPASO 1 — Ahora ya sé

Palabras y números

4 Completa los recuadros.

```
yo .........
............
él / ............
............ /nosotras
............ / ............
............ /ellas
```

```
(yo)  soy
(tú) ............
(............/ella) ............
```

```
(yo)  me llamo
(tú) ............ ............
(el/............) ............ ............
```

RECUERDA

Para identificar a otras personas uso el verbo:
....

Para decir y preguntar el nombre uso el verbo:
....

Países y famosos

5 Lee esta ficha de un estudiante y responde a las preguntas. Después haz en tu cuaderno una ficha con tus datos.

COLEGIO **Salvador Dalí**

Nombre: Mario Fernández García
Nacionalidad: española
Fecha de nacimiento: 15-9-93
Dirección: Calle Juan Bravo, n.º 35, Madrid

¿Cómo se llama?
....

¿De dónde es?
....

¿Cuántos años tiene?
....

¿Dónde vive?
....

RECUERDA

Para preguntar por los datos personales uso los interrogativos:

.... para el nombre
.... para la nacionalidad
.... para la edad
.... para la dirección

Familia y amigos

6 Observa la agenda electrónica de Marta, completa los relojes y escribe la hora.

11:00 – Clase de Literatura
12:30 – Examen de Matemáticas
16:45 – Piscina
19:15 – Estudiar las horas en español

A las once tiene clase de Literatura.

....
....
....

• **Completa la descripción de Marta.**

Marta tiene 12 años. .... baja.
.... el pelo .... y castaño.
.... gafas.

RECUERDA

Para describir características de personas uso:
.... + adjetivos
.... + sustantivos

Juegos

REPASO 1

7 Juego de la oca. Tira el dado, contesta las preguntas y avanza.

 De oca a oca y tiro porque me toca.

 De puente a puente y tiro porque me lleva la corriente.

 De dado a dado y tiro porque me ha tocado.

REPASO 1

Soy genial

Sé
- saludar, despedirme y deletrear.
- pedir y comprender información en clase.
- identificar a otros.
- pedir y dar información personal.
- hablar de horarios y hábitos en presente.
- hablar de la familia, los amigos y los compañeros y describirlos.
- nombres de países, ciudades, nacionalidades y profesiones en español.
- los números, las horas, los días de la semana y los meses del año.
- relacionar términos españoles y términos en mi idioma.
- tomar notas breves.
- averiguar el significado de una palabra o información por el contexto.
- aspectos nuevos de la cultura de España y de América Latina.

8 Compruébalo tú mismo.

6
- ¿Cómo es el compañero / la compañera que está a tu lado este año?
- (Describe físicamente a tu compañero/-a.)

5
- ¿Cuándo es la clase de español?
- (Responde con el día y el horario: cuándo entras y cuándo terminas.)

4
- ¿De dónde eres? ¿Cuántos años tienes? ¿Dónde vives?
- (Responde.)

3
- Hola, soy Elena, ¿y tú?, ¿eres nuevo?
- (Saluda y preséntate.)

2
- ¿Sabes cómo se dice ✎ en español?
- (No lo sabes pero preguntas al profesor.)

1
- Me voy a la cama.
- (Despídete.)

9 Escribe cinco palabras en cada apartado.

países	nacionalidades	profesiones	nombres de familia

Desayunos y meriendas

3

1 Observa la imagen y localiza diez comidas y bebidas.

- Señala los nombres de los alimentos anteriores.

café	salchicha
naranja	yogur
leche	arroz
pollo	ensalada
sándwich	*pizza*
agua	helado
patatas fritas	plátano
chocolate	hamburguesa

39 treinta y nueve

COMUNICACIÓN
→ Expresar gustos
→ Hablar de las comidas del día
→ Pedir comida o bebida en un establecimiento

VOCABULARIO
→ Comidas y bebidas
→ Colores
→ Envases

GRAMÁTICA
→ Verbo *gustar* y pronombres
→ *También/Tampoco*
→ Presente de indicativo: *desayunar, comer, cenar, merendar, poner*

CULTURA
→ Recetas y horarios

COMPRENSIÓN Lección 1

¿Te gusta el helado?

 2 Escucha y lee el diálogo. ¿Qué comidas le gustan a Jaime? ¿Y a Marta?

- ¡Qué bien! Helado. ¿Te gusta?
- Sí, pero no me gusta el helado de chocolate.
- ¿De verdad? A mí tampoco. ¡Qué raros somos! A todo el mundo le gusta el chocolate.
- ¿Y qué más comemos hoy?
- A ver si adivinas qué. Tiene lechuga, tomate y…
- ¡Muy fácil! ¡Ensalada! Pero no me gusta. ¿Y a ti?
- A mí sí. Y después de la ensalada…
- ¡Hamburguesa con patatas fritas! ¿Verdad?
- ¡Exacto! Me gustan mucho las hamburguesas.
- A mí también.

	la ensalada de tomate y lechuga	la hamburguesa con patatas fritas	el helado de chocolate
A Jaime le gusta/-n…	✓		
A Marta le gusta/-n…			

 3 Escucha y señala (✓) los alimentos que le gustan a Jaime y los que no le gustan.

	😊	☹️
chocolate		✓
huevos		
pollo		
arroz		
atún		
lentejas		
cebolla		
pimiento		
zanahorias		

- ¿Te gustan a ti los anteriores alimentos? Pon ♥ en los que te gustan y ⚡ en los que no te gustan. Comparte tus respuestas con las de tu compañero.
  - Me gusta el chocolate.
  - A mí también.

40 cuarenta

4 Juega a la cadena de comidas. Di un nombre de comida o bebida y repite los alimentos preferidos de los compañeros.

- Me gusta el pollo.
- A Marcos le gusta el pollo. A mí me gusta el tomate.
- A Marcos le gusta el pollo. A Carolina le gusta el tomate. A mí me gusta…

• Juega de nuevo a la cadena de comidas, pero con alimentos que no te gustan.

- No me gusta el arroz.
- A Marcos no le gusta el arroz. A mí no me gustan las lentejas.
- A Marcos no le gusta el arroz. A Carolina no le gustan las lentejas. A mí no me gusta…

5 Escribe cinco alimentos que no te gustan y pregunta a tu compañero.

- No me gustan las lentejas. ¿A ti?
- A mí tampoco.

Agenda de gramática

Expresar gustos

Me gusta la *pizza*.
A mí me gusta mucho la ensalada.
Me gustan las patatas fritas.

¿Te gusta la leche?
¿A ti te gusta el chocolate?
¿Te gustan las lentejas?

No le gusta el pescado.
A ella no le gusta el atún.
No le gustan las hamburguesas.

- Me gusta mucho el arroz.
- A mí también.

- No me gustan las zanahorias.
- A mí tampoco.

Verbo *gustar* y pronombres

me gusta + sustantivo singular
me gustan + sustantivo plural

(a mí)   me gusta/-n
(a ti)   te gusta/-n
(a él/a ella) le gusta/-n

También/Tampoco

Me gusta.
   A mí también./A mí no.
No me gusta.
   A mí tampoco./A mí sí.

¡Me gusta la miel!

¡Observa!

A mí me gust**a** la ensalada.
A mí me gust**an** los helados de limón.

COMPRENSIÓN   Lección 2

Meriendo a las cinco

6 Escucha a Enrique e identifica la información incorrecta que aparece en los textos. Responde luego a las preguntas.

Desayuno leche con cereales y un zumo de melocotón. ¡Me gustan mucho los cereales de chocolate!

En mi colegio comemos a las 14.30 h. Me gusta mucho la paella.

Meriendo normalmente en casa de mis abuelos. Como un bocadillo, leche y galletas o fruta.

Los viernes cenamos en un restaurante. A mi padre y a mí nos gusta mucho la comida china.

- ¿Qué desayuna Enrique?
- ¿Dónde come?
- ¿Dónde merienda normalmente?
- ¿Qué comida le gusta mucho a Enrique?

7 Escucha y ordena el siguiente diálogo.

4 euros. ¡Muchas gracias!

Me pone un bocadillo de tortilla, por favor.

Hola, ¿qué te pongo?

Sí, una bolsa de patatas fritas y una botella de agua. ¿Cuánto es?

¿Algo más?

8 Escribe tus hábitos de comida y anota los de tu compañero.

Yo
Desayuno…
Como…
Meriendo…
Ceno…

Mi compañero
Desayuna…
Come…
Merienda…
Cena…

9 Mira este menú y prepara con tu compañero un diálogo.

- Hola. ¿Qué te pongo?
- ………………………………………
- ………………………………………
- ………………………………………
- ………………………………………

Bocadillos fríos
- jamón de York
- jamón serrano
- queso
- atún con mahonesa

Bocadillos calientes
- tortilla de patatas
- salchichas
- hamburguesas

Bebidas
- agua
- zumo
- refresco

Agenda de gramática

Hablar de las comidas del día

Desayuno leche con galletas.
Comemos en el colegio.
Meriendo un bocadillo.
Cenan en casa a las 21.00 h.

Pedir comida o bebida en un establecimiento

- ¿Qué te pongo?
- Me pone un bocadillo de jamón, por favor.

Presente de indicativo

	DESAYUNAR	COMER	MERENDAR▲
(yo)	desayuno	como	meriendo
(tú)	desayunas	comes	meriendas
(él/ella)	desayuna	come	merienda
(nosotros/-as)	desayunamos	comemos	merendamos
(vosotros/-as)	desayunáis	coméis	merendáis
(ellos/-as)	desayunan	comen	meriendan

	PONER▲	CENAR
(yo)	pongo	ceno
(tú)	pones	cenas
(él/ella)	pone	cena
(nosotros/-as)	ponemos	cenamos
(vosotros/-as)	ponéis	cenáis
(ellos/-as)	ponen	cenan

▲ merendar: e > ie
▲ poner: g

¡Observa!

la leche
el agua

VOCABULARIO

Los colores de los alimentos

10 Observa los alimentos y clasifícalos por colores.

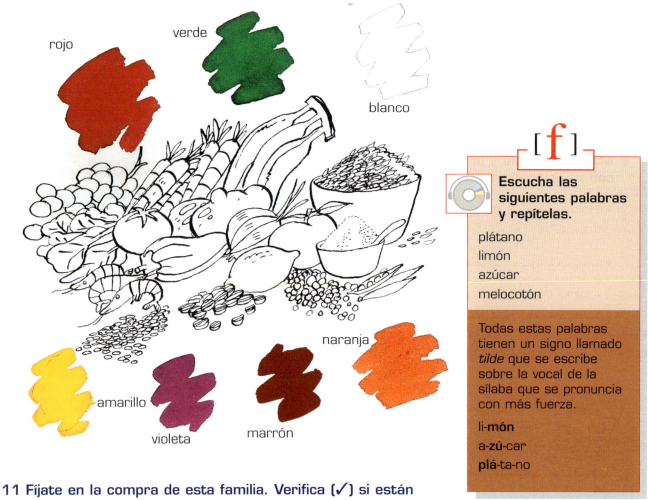

rojo
verde
blanco
naranja
amarillo
violeta
marrón

[f]

Escucha las siguientes palabras y repítelas.

plátano
limón
azúcar
melocotón

Todas estas palabras tienen un signo llamado *tilde* que se escribe sobre la vocal de la sílaba que se pronuncia con más fuerza.

li-**món**
a-**zú**-car
plá-ta-no

11 Fíjate en la compra de esta familia. Verifica (✓) si están todos los productos de la lista.

1 lata de atún
✓ 1 bolsa de tomates
2 bolsas de patatas fritas
1 paquete de arroz
1 lata de guisantes
1 bolsa de zanahorias
1 bolsa de cebollas
2 botellas de agua
1 paquete de azúcar
1 paquete de macarrones
1 bolsa de naranjas
1 botella de aceite

44 cuarenta y cuatro

Comer bien

12 Observa el menú de este colegio para esta semana y copia tus comidas favoritas. Responde a las preguntas.

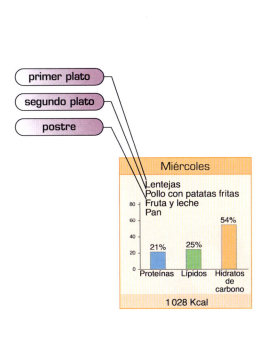
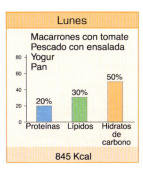
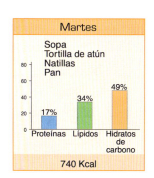
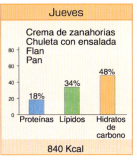
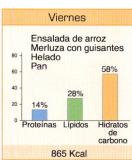

- ¿Cuáles son los postres del lunes y del miércoles? ¿Y los primeros platos del martes y del jueves? ¿Y el segundo plato del viernes?
- ¿Cuál es el día que tiene el menú que más te gusta?

13 Escribe un menú de comidas para la próxima semana.

lunes	martes	miércoles	jueves	viernes

PREPARA TUS IDEAS

▸ Anota un primer plato, un segundo plato y un postre para cada día.

▸ No se pueden repetir nombres de comidas para los distintos días de la semana.

▸ Negocia con tu compañero los platos preferidos de los dos.

REFLEXIÓN GRAMATICAL

Una historia de helados, chucherías y palomitas

14 Lee este cómic y contesta las preguntas.

- ¿Con qué verbo expresamos gustos?
- ¿Qué palabra se pone delante del verbo *gustar* y se refiere a *yo*?
- ¿Se utiliza *me gustan* con palabras en singular o en plural?
- **Completa**: Nosotros merendamos, ellas...

PRÁCTICA GRAMATICAL

15 Sustituye en este correo electrónico los símbolos por información escrita.

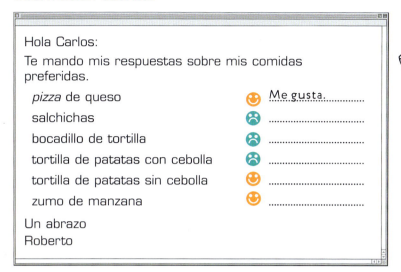

Hola Carlos:
Te mando mis respuestas sobre mis comidas preferidas.

pizza de queso	😊	Me gusta.
salchichas	☹	....
bocadillo de tortilla	☹	....
tortilla de patatas con cebolla	☹	....
tortilla de patatas sin cebolla	😊	....
zumo de manzana	😊	....

Un abrazo
Roberto

16 Relaciona las frases con la persona correspondiente.

<u>yo</u>, Silvia, tú, Marcos, nosotros

- No como pan pero me gusta. ...yo...
- Mi hermano desayuna leche con galletas. ....
- Comemos siempre en el colegio. ....
- ¿Qué meriendas normalmente? ....
- Mi hermana siempre cena a las 22.00 h. ....

17 Conjuga los verbos *desayunar, merendar, comer* y *poner*.

(yo)	desayuno	(yo)	meriendo
(tú)	....	(tú)	meriendas
(él/ella)	desayuna	(él/ella)	....
(yo)	como	(yo)	....
(tú)	comes	(tú)	pones
(él/ella)	....	(él/ella)	pone

18 Escribe el nombre del envase en la lista.

...botella... de agua		
.... de azúcar		
.... de patatas fritas		**bolsa**
.... de aceite		**botella**
.... de zanahorias		**lata**
.... de guisantes		**paquete**
.... de leche		
.... de espaguetis		

portfolio ★★★★★★★★★★

19 Haz una lista con las comidas y bebidas más populares de la clase para los siguientes acontecimientos.

Una fiesta del colegio

Mañana en la comida del colegio

ESCUELA

Navidad

El cumpleaños de un compañero

47 cuarenta y siete

CULTURA

Recetas

 20 Escucha y lee las informaciones y averigua de qué países son estas comidas. Busca los nombres de estos países en la sopa de letras.

A los chicos de mi país les gusta mucho el dulce de leche. Es muy fácil preparar este plato.

Ingredientes: leche, azúcar y vainilla.

El burrito es como una tortilla de maíz, con queso o carne picada, y también salsas.

Ingredientes: maíz, queso, carne picada, sal y pimiento.

En verano en mi casa siempre comemos gazpacho. Es una sopa fría.

Ingredientes: tomate, pepino, aceite, vinagre, ajo, cominos, pan y sal.

T	R	P	V	E
N	G	I	B	S
M	M	L	C	P
A	E	A	Z	A
R	X	R	K	Ñ
G	I	I	T	A
E	C	H	E	L
N	O	D	F	I
T	V	H	L	A
I	X	K	W	P
N	O	L	G	A
A	A	A	Ñ	G

21 Algunos de los ingredientes de las anteriores recetas son de América, como el tomate, el maíz... Lee el texto y responde *sí* o *no* a las preguntas.

- ¿Es bueno el chocolate para el corazón?
- ¿El cacao tiene una cáscara de color marrón?
- ¿El cacao es un derivado del chocolate?

 El cacao es una fruta de origen tropical. Su origen es muy antiguo, más de 2 500 años. Cacao es una palabra maya: *cac* significa rojo (por el color de su cáscara) y *cau* expresa fuerza y fuego. Uno de los mayores productores de cacao es Venezuela. Los derivados del cacao, como el chocolate, son una importante fuente de energía y muy beneficiosos para el corazón.

48 cuarenta y ocho

Horarios

22 Observa las imágenes. ¿A qué hora desayunan, comen y meriendan Gonzalo y Paula?

- ¿A qué hora cenan Gonzalo y Paula? ¿Qué cenan?
- ¿A qué hora desayunas, comes, meriendas y cenas tú? ¿Es igual o diferente a los horarios de Paula y Gonzalo?

autoevaluación
Desayunos y meriendas

23 Responde a las siguientes preguntas y comprueba tus conocimientos.

a) Di el nombre de un alimento que empieza por **H** y termina por **A**

b) Ordena las letras de esta palabra y descubre el nombre real de este alimento.
R E A C E L E S
....

c) Anota la pregunta del camarero.
.... — Un bocadillo, por favor.

d) Completa.
nosotros merendamos
vosotros merendáis
ellos/ellas ....

e) Señala el intruso en la siguiente lista.
comer
desayunar
cenar
poner

f) Completa la siguiente frase.
A mí me gusta el helado de limón pero a mi hermano .... gusta el helado de chocolate.

g) Observa los siguientes horarios de comidas. ¿Son de una familia española o de una familia de tu país?

h) Averigua cuál es el ingrediente que falta en esta receta de gazpacho.
Pepino, vinagre, ajo, cominos, pan, sal y ....

i) Señala la palabra correcta.
melocotón   mélocoton
melocoton   melócoton

j) Elige la respuesta correcta.
El dulce de leche es un plato típico de...
México/Argentina/España

---

portfolio ★★★★★★★

24 Haz tu autoevaluación de esta unidad.

¿Puedo expresar gustos sobre comidas y bebidas y preguntar a otros?
¿Puedo decir nombres de alimentos en español?
¿Puedo pedir comidas o bebidas en un establecimiento?
¿Puedo hablar de platos típicos de España y América Latina?

sí	no

Música y libros

1 Observa el cómic *Una casa extraña* y escribe los nombres de las habitaciones.

baño   cocina   salón   habitación   terraza   pasillo

- Marca las situaciones que aparecen en el cómic.

  Hay una chica que ve la TV en la terraza. ✓
  Hay una chica que cocina en su habitación. ☐
  Hay una chica que se lava los dientes en el pasillo. ☐
  Hay un chico que se ducha en la cocina. ☐
  Hay un chico que desayuna en la cocina. ☐
  Hay un chico que prepara un bocadillo en el baño. ☐
  Hay un chico que escucha música en su habitación. ☐
  Hay un chico que se levanta en el salón. ☐
  Hay una chica que lee una revista en su habitación. ☐

COMUNICACIÓN
→ Hablar de acciones cotidianas
→ Hablar de objetos y localizarlos

VOCABULARIO
→ Acciones cotidianas
→ Muebles, objetos y partes de la casa

GRAMÁTICA
→ Presente de indicativo: *leer, ver, ir, estar*
→ Presente de indicativo de verbos reflexivos: *levantarse, lavarse, ducharse*
→ Artículos contractos: *al*
→ *Hay/Está(-n)*
→ Artículos indeterminados
→ Locuciones adverbiales

CULTURA
→ Canciones y lecturas

COMPRENSIÓN  Lección 1

¿Dónde estudias?

2 Escucha y lee el diálogo. ¿Cuáles son las respuestas de Sonia en el juego?

- ¡Tengo una idea! ¿Jugamos? Yo digo una habitación de la casa y tú una actividad. ¿Vale?
- ¡Vale!
- Salón.
- Veo la televisión.
- Habitación.
- Estudio, escucho música, leo…
- Cocina.
- Preparo el desayuno, como, ceno…
- Cuarto de baño.
- Me lavo los dientes.
- Terraza.
- Tomo el sol y toco la guitarra.
- ¡Muy bien!
- Ahora tú respondes, ¿vale?

	¿Dónde come?	¿Dónde escucha música?	¿Dónde estudia?	¿Dónde se lava los dientes?	¿Dónde toma el sol?	¿Dónde ve la televisión?
Sonia	cocina					
Ricardo						

- Escucha ahora las respuestas de Ricardo y anótalas en la tabla anterior. Compruébalas con tu compañero.

3 Relaciona las informaciones con cada viñeta y ordena la secuencia.

Después va al colegio.   Se levanta.   Luego se ducha.   Se lava los dientes.   Desayuna.

Primero ....

EXPRESIÓN

4 Organiza tus actividades diarias.

- escuchar música
- levantarse
- desayunar
- ir al colegio
- ducharse
- estudiar
- ver la televisión
- comer
- leer un libro
- lavarse los dientes

Me levanto a las ....
Luego ....
....
....
Después ....
....
....

5 Responde y pregunta luego a tu compañero.

¿Dónde comes?
☐ En casa.
☐ En casa de los abuelos.
☐ En el colegio.

¿Dónde escuchas música?
☐ En el baño.
☐ En la habitación.
☐ En casa de los amigos.

¿Dónde cenas?
☐ En la cocina.
☐ En el salón.
☐ En la habitación.

¿Dónde lees?
☐ En la biblioteca.
☐ En el salón.
☐ En la habitación.

¿Dónde estudias?
☐ En casa.
☐ En la biblioteca.
☐ En el colegio.

¿Dónde ves la televisión?
☐ En el salón.
☐ En la habitación.
☐ En la cocina.

- **Compara tus respuestas con las de tu compañero.**

  Andrea y yo comemos en casa. Ella lee en la biblioteca y yo en mi habitación…

Agenda de gramática

Hablar de acciones cotidianas

Leo en mi habitación.
Veo la televisión en el salón.
Cenamos en la cocina.
¿Tú ves la televisión en tu habitación?
Ella toca la guitarra en la terraza con su amiga.
Mi amigo va al colegio con su hermana en autobús.

- ¿Dónde estudiáis?
- Estudiamos en la biblioteca.

Me ducho, desayuno, luego me lavo los dientes y después voy al colegio.

(presente) — luego — después
Me ducho — Me lavo los dientes — Voy al colegio

Presente de indicativo

	LEER	VER	IR
(yo)	leo	veo	voy
(tú)	lees	ves	vas
(él/ella)	lee	ve	va
(nosotros/-as)	leemos	vemos	vamos
(vosotros/-as)	leéis	veis	vais
(ellos/-as)	leen	ven	van

Presente de indicativo verbos reflexivos

	LEVANTARSE	LAVARSE	DUCHARSE
(yo)	me levanto	me lavo	me ducho
(tú)	te levantas	te lavas	te duchas
(él/ella)	se levanta	se lava	se ducha
(nosotros/-as)	nos levantamos	nos lavamos	nos duchamos
(vosotros/-as)	os levantáis	os laváis	os ducháis
(ellos/-as)	se levantan	se lavan	se duchan

Artículos contractos

a + el = al

¡Observa!

En español:

en **la** cocina
en **la** biblioteca
en **el** salón

COMPRENSIÓN Lección 2

Mis CD están en la mesa

6 Lee el mensaje de Raúl sobre su nueva casa. Observa los dos dibujos de las habitaciones e identifica cuál de las dos es la suya.

De: Raúl
+34676100989
Enviado: 15:57:12
23/04/08

Hola, Eva. Estoy muy bien. Mi habitación es muy bonita. Hay una ventana encima de mi cama. Hay un armario enfrente de la cama y un mueble para mi ordenador. La mesilla está al lado de la ventana y hay una estantería para mis cosas.
☺1 beso

7 Observa la imagen y señala en la lista qué objetos hay en la caja de mudanzas de Raúl.

- un lector de CD ✓
- unos libros
- unos CD de música
- una guitarra
- una cámara de fotos digital
- una raqueta de tenis
- un teléfono móvil
- el cargador del móvil
- un despertador
- una agenda
- una mochila
- unas llaves
- unos pósteres

● Escucha a Raúl. ¿Dónde están colocadas sus cosas en su nueva habitación?

Los libros están ....

La cámara de fotos está ....

La raqueta de tenis está ....

El cargador del móvil está ....

8 Escribe qué cosas hay en tu habitación y dónde están.

En mi habitación hay una cama. La cama está debajo de la ventana…

9 Esconde dos objetos en la habitación de la imagen. Tu compañero descubre qué son y dónde están.

- ¿Hay un despertador en la habitación?
- No.
- ¿Hay unos libros?
- Sí.

Agenda de gramática

Hablar de objetos y localizarlos

- ¿Qué hay en tu habitación?
- En mi habitación hay una ventana grande, una mesa y un armario. Hay libros y hay unas fotografías. No hay ordenador.

- ¿Dónde está la mochila?
- Está al lado de la silla.

Los CD están encima de la mesa. La mesa está enfrente de la cama. La cama está debajo de la ventana.

Hay/Está(-n)

Existencia: hay

hay un/una + sustantivo singular
hay (unos/unas) + sustantivo plural
no hay + sustantivo singular/plural

Localización: estar

el/la + singular + está
los/las + plural + están

Presente de indicativo

	ESTAR
(yo)	estoy
(tú)	estás
(él/ella)	está
(nosotros/-as)	estamos
(vosotros/-as)	estáis
(ellos/-as)	están

Locuciones adverbiales

al lado de — encima de

debajo de — enfrente de

Artículos indeterminados

	singular	plural
masculino	un chico	unos chicos
femenino	una chica	unas chicas

¡Observa!

Hay un libro. / **Hay** libros.

VOCABULARIO

Cosas de casa

10 Fíjate en estos objetos y añade los nombres que faltan a las etiquetas.

armario
sofá
cuadro
espejo
lámpara
plato

11 Clasifica los elementos anteriores en muebles u objetos.

muebles: armario, ...

objetos: jarra, ...

[f]

Escucha estas palabras.

espejo
jarra
jugar
gente
gimnasio

ja ja ja

El sonido es el mismo pero se escribe con *j* o con *g* + *e, i*.

Objetos útiles

12 Lee los anuncios del tablón del colegio y clasifícalos en los siguientes apartados.

compras ☐   ventas ☐   cambios ☐   peticiones/ayudas ☐

13 Escribe un anuncio para el tablón de tu escuela.

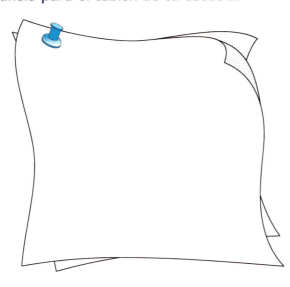

PREPARA TUS IDEAS

▸ Piensa en qué apartado clasificas tu anuncio: compras, ventas, cambios, peticiones.

▸ Añade la información más importante.

▸ Escribe con quién tienen que contactar y cómo.

REFLEXIÓN GRAMATICAL

Yo leo mucho

14 Lee el cómic y contesta las preguntas.

- ¿Cómo expresas tus acciones cotidianas?
- ¿Con qué verbo indicamos la localización de objetos y lugares?
- **Escribe la vocal que falta:** yo m....... lavo; tú t....... lavas; él/ella s....... lava.
- **Escribe las formas del verbo *leer*:** yo ...., tú...................., él/ella...................., nosotros/-as ...., vosotros/-as...................., ellos/-as ....

PRÁCTICA GRAMATICAL

15 Completa las frases con las acciones de los pictogramas.

Patricia 🕰 .... a las 7.30, 🚿 .... , 🥛 .... , 🪥 .... y 🏫 ....

16 Conjuga los verbos.

....Leo.... en mi habitación.	(leer)
Me levanto a las ocho, después desayuno, y .... los dientes.	(lavarse)
¿Dónde .... la televisión tu hermano?	(ver)
¿Tú .... música en el baño?	(escuchar)
Mi familia y yo .... en la cocina.	(cenar)

17 Relaciona el verbo *ir* con la persona correspondiente.

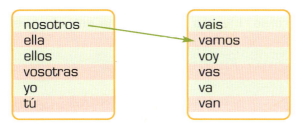

nosotros	vais
ella	vamos
ellos	voy
vosotras	vas
yo	va
tú	van

18 Completa con el pronombre.

me   te   se   nos   os   se

- ....Me.... levanto a las ocho.
- Desayunamos, ... lavamos los dientes y vamos al colegio.
- ¿A qué hora .... levantas?
- Los domingos .... levantan tarde.
- Mi padre .... levanta a las siete, como yo.

19 Escribe *hay* o *esta/-n*. Después observa el dibujo y di si las frases son verdaderas (v) o falsas (f).

- La estantería .... al lado del armario. ..v..
- No .... silla. ....
- .... una alfombra debajo de la mesa. ....
- La lámpara .... encima de la mesilla. ....
- La cama .... enfrente de la estantería. ....

portfolio ★★★★★★★

20 Haz el plano de tu clase ideal.

Piensa en qué cosas hay en tu clase actual.

Hay...

Piensa en qué cosas no hay pero te gustaría tener.

No hay...

Dibuja un plano de tu clase ideal.

59 cincuenta y nueve

CULTURA

Mis discos

21 ¿Conoces a estos artistas? Averigua de dónde son y escribe su nombre junto al país.

www.juanes.net   www.amaral.es   www.jorgedrexler.com   www.mana.com.mx

☐ México   ☐ Uruguay   ☐ Colombia   ☐ España

 22 Escucha esta canción y ordena las estrofas. Inventa después una estrofa nueva.

YIN YANG

[2] Bien, mal, madera o metal,
puntos de vista que no se preguntan.
Tal cual, azúcar o sal,
dos que se oyen pero no se escuchan.

[4] Yin yang, salir o entrar,
de un laberinto lleno de puertas.
Yin yang, delante o detrás,
dos que se buscan pero no se encuentran.

[3] Yin yang, Eva y Adán,
desequilibrio por una manzana.
Yin yang, bastos o espadas,
palos opuestos en una baraja.

[1] Yin yang, menos es más,
polos opuestos que nunca se juntan.
Yin yang, vienen y van,
líneas paralelas que nunca se cruzan.

Jarabe de Palo, *Bonito*, 2003.

www.jarabedepalo.com

23 Lee el texto y averigua qué son los Grammy.

Maná, Juanes, Alejandro Sanz, Shakira, Mark Anthony... Todos tienen premios Grammy. Los Grammy latinos son los premios de música de la Academia Latina de las Artes y Ciencias de Grabación. Hay diferentes categorías de premios: disco del año, canción del año, cantante revelación del año y grabación del año.

Mis libros

24 Observa estos datos. ¿Qué leen más los jóvenes españoles?

Leemos...	
Libros	32,7 %
Revistas	15,9 %
Cómics	16,6 %
Cuentos	30,5 %
Diarios deportivos	3,2 %

- ¿Qué lees tú habitualmente?

Yo leo libros y cómics.

25 Estas son lecturas de chicos españoles. Y en tu país, ¿qué libros son más populares?

Lecturas de los jóvenes españoles

1. *El señor de los anillos*, J. R. R. Tolkien
2. *Harry Potter*, J. K. Rowling
3. *El hobbit*, J. R. R. Tolkien
4. *Campos de fresas*, Jordi Serra i Fabra
5. *La isla del tesoro*, R. L. Stevenson
6. *Manolito Gafotas*, Elvira Lindo

- ¿Qué libros leen tus compañeros? ¿Y tú? Anótalos.

autoevaluación
Música y libros

26 Responde a las siguientes preguntas y comprueba tus conocimientos.

a Subraya los objetos que hay en un baño.
- cama
- manta
- sillón
- espejo
- almohada
- toalla

b Completa.
- yo ....
- tú lees
- él ....

- yo ....
- tú ves
- ella ....

c Di el contrario.
encima de

d Relaciona.
- salón — ver la televisión
- cocina — estudiar
- habitación — lavarse
- baño — cocinar

e Descubre el nombre de estas partes de la casa.
- p _ _ _ l _ _
- t _ _ _ _ z _

f Completa con el verbo *ir*.
- Yo .... al colegio a las ocho.
- Tú .... al cine los lunes.
- Nosotros .... a casa.

g Señala la respuesta correcta.
- En mi casa no hay/están cuadros.
- ¿Dónde hay/están mis llaves?

h Completa las frases.
- Yo .... ducho.
- Vosotros .... levantáis.
- Él .... lava los dientes.

i Contesta.
- ¿Qué libros lees? ....
- ¿Qué música escuchas? ....

j Escribe la letra que falta.
- ....arra
- ....ente

portfolio ★★★★★★★

27 Haz tu autoevaluación de esta unidad.

	sí	no
¿Puedo hablar de acciones cotidianas?		
¿Puedo decir nombres de partes de la casa?		
¿Puedo hablar de objetos y localizarlos?		
¿Puedo hablar de música y libros?		

Perros y gatos

5

1 Observa la página web e identifica su objetivo.

☐ adoptar perros ☐ vender comida para perros ☐ ofrecer servicios veterinarios

- Completa la información.

nombre	edad	sexo	tamaño	pelo/color	carácter
Bona					alegre
	1 año				
			mediano		
		macho		marrón y blanco	listo y obediente
Nela					
	8 meses				

COMUNICACIÓN
→ Describir animales
→ Comparar
→ Expresar necesidad

VOCABULARIO
→ Animales
→ Adjetivos calificativos
→ Objetos y productos

GRAMÁTICA
→ Concordancia de género y número
→ Determinantes demostrativos
→ Presente de indicativo: *querer, cuidar, limpiar*
→ Comparación de igualdad
→ Perífrasis de necesidad: *hay que* + infinitivo
→ Artículos contractos: *del*

CULTURA
→ Animales y viajes

sesenta y tres

COMPRENSIÓN — Lección 1

Es simpático y tranquilo

2 Lee la campaña de publicidad sobre el respeto a los animales. ¿Con qué imagen se corresponde cada frase?

Es **inteligente** como una persona. ..F..
Es **cariñoso** como una madre. .....
Es **independiente** como tú. .....
Es **fiel** como tu amigo. .....
Son **simpáticos** y **divertidos** como tu pandilla. .....
Son **activos** y **fuertes** como un deportista. .....
Son **sociables**. .....

3 Escucha y lee el diálogo. ¿Quién es Galo, quién es Trasto y quién es Lucero?

- Buenos días, quiero adoptar un perro.
- Sí. ¿Qué tipo de perro quieres? ¿Pequeño?
- Sí, sí, pequeño… o no, grande, grande. Mis hermanos quieren un perro grande.
- A ver, Galo es un perro grande, marrón y muy bueno pero ¡come como un león!
- No… entonces un perro pequeño.
- ¿Este? Trasto es pequeño, blanco, muy simpático. Le gusta mucho jugar.
- Mmm… ¿Y no tiene un perro de color negro?
- Sí, Lucero. Pero es muy grande y activo para vivir en una casa y necesita correr.
- Entonces…

- ¿Qué perro adopta Lucía? ¿Cómo es?

nombre: .... edad: .... sexo: .... color: .... carácter: ....

64 sesenta y cuatro

4 Pregunta a tus compañeros por sus mascotas y anota la información.

¿Tienes perro? ¿Gato? ¿Peces? ¿Es blanco? ¿Cómo se llama/-n?

¿Cómo es/son? ¿Son grandes? ¿Es tranquilo? ¿Son activos?

5 Elige a uno de estos animales, haz una ficha con sus datos y preséntalo.

Nombre: Cristal
Edad: 2 años
Sexo: hembra
Tamaño: mediana
Color: blanca
Carácter: es simpática, alegre, sociable y fiel. Le gusta jugar.

CRISTAL

TEO

MOMO

CHISPA

Se llama Cristal.
Es mediana, tiene las orejas grandes.
Es simpática y alegre. Le gusta jugar, es una perra muy sociable.
Es fiel como un amigo.

Agenda de gramática

Describir animales

Mi gato es blanco.
Su gata es buena e independiente.
Las panteras son negras y rápidas.
Los peces son de colores y pequeños.
Este caballo es muy elegante.
Esta tortuga es muy lenta.
Estos perros son muy grandes.
Quiero adoptar un perro pequeño y tranquilo.

Comparar

Mi perro es fiel como un amigo.
Son activos y fuertes como un deportista.

Concordancia de género y número

		singular	
masculino	Mi perro	es	tranquilo
femenino	Mi gata		blanca
		plural	
masculino	Mis perros	son	tranquilos
femenino	Mis gatas		blancas

Determinantes demostrativos

	singular	plural
masculino	este perro	estos perros
femenino	esta gata	estas gatas

Presente de indicativo

	QUERER ▲
(yo)	quiero
(tú)	quieres
(él/ella)	quiere
(nosotros/-as)	queremos
(vosotros/-as)	queréis
(ellos/-as)	quieren

▲ e > ie

¡Observa!

Nosotros **queremos** adoptar un perro.

¿Ellos también **quieren** un perro?

Comparación de igualdad

(sustantivo) + ser + (adjetivo) + como + sustantivo

COMPRENSIÓN

Lección 2

Hay que jugar con el perro

6 Lee el folleto de la asociación Mundo animal y señala el artículo de los derechos de los animales más importante para ti.

ASOCIACIÓN PROTECTORA DE ANIMALES

DECLARACIÓN UNIVERSAL DE LOS DERECHOS DE LOS ANIMALES

Artículo 1
Todos los animales, domésticos y salvajes, son iguales ante la vida y tienen los mismos derechos.

Artículo 2
Todos los animales tienen derecho a la atención, cuidado, protección del hombre y respeto.

Artículo 3
No hay que someter a malos tratos o actos de crueldad a los animales.

Artículo 4
Todos los animales salvajes tienen derecho a vivir libres en su ambiente natural.

Artículo 5
No hay que abandonar a un animal, es cruel.
(...)

ADOPTAR UN PERRO ES UNA RESPONSABILIDAD

CUIDADOS

✓ Hay que lavar al perro.
✓ Hay que cepillar el pelo del perro.
✓ Hay que ir a la calle con él todos los días.
✓ Hay que dar al perro comida rica en proteínas y agua fresca.
✓ Hay que jugar con él un poco todos los días.
✓ Hay que ir al veterinario.
✓ Hay que controlar sus vacunas.

En caso de preguntas, dudas o problemas:
935 30 33 45 / 935 30 34 67
de 8.00 h a 20.00 h

- Escucha y señala en el folleto de adopción de un perro los cuidados que recomiendan a Lucía en la protectora.

7 Escribe debajo de las imágenes las acciones para cuidar a un perro.

Hay que dar agua al pájaro.

Hay que cambiar el agua del pez.

Hay que limpiar la jaula del hámster.

EXPRESIÓN

8 ¿Verdadero o falso? Decide con tu compañero. Anota después seis cosas para mejorar la situación de estos animales.

	v	f		v	f
Hay que dar agua al elefante.	☐	☐	Hay que limpiar a los conejos.	☐	☐
No hay que limpiar el agua de los peces.	☐	☐	No hay que jugar con el perro.	☐	☐
Hay que dar comida al caballo.	☐	☐	Hay que ir al veterinario con las ardillas	☐	☐

Agenda de gramática

Expresar necesidad

Hay que lavar al perro.
Hay que cambiar el agua del pez.
Hay que dar la comida a las gatas.

¡Hay que limpiar!

Yo cuido bien a mi mascota.
¿Cómo cuidáis vosotros a las tortugas?
Hay que limpiar bien la jaula del hámster.

Perífrasis de necesidad

hay que + infinitivo

Presente de indicativo

	CUIDAR	LIMPIAR
(yo)	cuido	limpio
(tú)	cuidas	limpias
(él/ella)	cuida	limpia
(nosotros/-as)	cuidamos	limpiamos
(vosotros/-as)	cuidáis	limpiáis
(ellos/-as)	cuidan	limpian

Artículos contractos

de + el = del

¡Observa!

Hay que cuidar a los animales.

67 sesenta y siete

VOCABULARIO

¡A vivir como un rey!

9 Lee y observa esta publicidad de productos para mascotas.

- Bolsa para viajar con perros pequeños
- Comedero
- Juguetes para gatos. De colores, pequeños y divertidos
- Columpio para pájaros. De muchos colores. De plástico
- Rascador para gatos. Varios tamaños y formas
- Pecera para peces pequeños. Diferentes tamaños
- Cepillo de dientes para perros
- Cama para perros y gatos. Diferentes tamaños
- Correa para perros. Larga y flexible
- Bebedero. Práctico y cómodo
- Jaula para pájaros
- Cepillo para perros para cuidar su pelo. De plástico o de madera. Diferentes tamaños y colores
- Mordedor para perros, para morder y cuidar los dientes y las encías. De varios colores y formas

TODO PARA TU MASCOTA

- Escribe el nombre de estos objetos para cuidar a los animales domésticos.

Para pájaros. Está en la jaula.	columpio
Para poner la comida de los perros y los gatos.	
Para pasear con los perros por la calle.	
Para cuidar el pelo de los perros.	
Donde viven los peces en las casas.	
Para gatos. Para jugar.	
Para cuidar dientes y encías de los perros.	
Para el agua de los animales.	

[f]

Escucha las siguientes palabras e identifica el sonido que tienen en común.

cama   correa   aquí
querer   cuidar

El sonido es el mismo pero se escribe:
c + a, o, u
qu + e, i
En español la *u* de *querer* no suena.

Mascotas felices

10 Completa el siguiente cuestionario y suma un punto por cada respuesta correcta.

¿SABES CUIDAR BIEN A UNA MASCOTA?

v   f

1. Para identificar a los perros y gatos hay que poner un *chip* en su cuello. ☐ ☐
2. Hay que vacunar a los perros y a los gatos todos los años. ☐ ☐
3. Hay que cambiar la arena de los gatos todos los días. ☐ ☐
4. Hay que salir a la calle con los perros todos los días. ☐ ☐
5. Hay que limpiar la jaula de los pájaros una vez al mes. ☐ ☐
6. No hay que limpiar las peceras. ☐ ☐
7. No hay que dar azúcar a los perros. ☐ ☐
8. Los animales tienen problemas físicos pero no tienen problemas mentales o emocionales. ☐ ☐
9. Hay que llevar con correa por la calle a los perros grandes, no a los pequeños. ☐ ☐
10. Los perros necesitan morder cosas para cuidar sus dientes. ☐ ☐
11. Hay que dar agua y comida a los hámsters todos los días. ☐ ☐

1: V, 2: V, 3: F, 4: V, 5: F, 6: F, 7: V, 8: F, 9: F, 10: V, 11: V.

- 11 - 9: Cuidas perfectamente a una mascota. ¡Enhorabuena!
- 8 - 6: Cuidas bien a una mascota.
- 5 - 3: Pregunta y lee más sobre el tema.
- 2 - 0: Hay que pensar mucho antes de tener un animal. Es una responsabilidad.

11 Elige uno de estos animales y elabora un cuestionario sobre sus cuidados.

 hámster
 iguana
 gusanos de seda
 loro

PREPARA TUS IDEAS

▸ Investiga sobre tu animal y sus cuidados.

▸ Prepara las preguntas del cuestionario: Hay que…

▸ Elabora las soluciones a las preguntas.

▸ Averigua lo que saben tus compañeros sobre ese animal.

REFLEXIÓN GRAMATICAL

Es una responsabilidad

12 Lee el cómic y contesta las preguntas.

- ¿Cómo expresas necesidad?
- ¿Qué palabra utilizas para comparar dos cosas?
  Es fuerte .... un león.
- **Completa:** yo cuido, nosotros ....
- **Escribe el artículo contracto:** Hay que dar comida .... gato. Hay que peinar el pelo .... perro.

PRÁCTICA GRAMATICAL

13 Escribe frases para comparar con estos elementos.

- mi perro / fuerte / león   Mi perro es fuerte como un león.
- yo / rápido / pantera ....
- tu perro / grande / oso ....
- tú / lento / caracol ....
- esta tortuga / lista / ardilla ....
- su gata / elegante / ella ....
- esta jirafa / alta / un árbol ....

14 Conjuga los verbos *cuidar* y *querer*.

(yo)	cuido		(yo)	....
(tú)	....		(tú)	quieres
(él/ella)	....		(él/ella)	....
(nosotros/-as)	cuidamos		(nosotros/-as)	....
(vosotros/-as)	....		(vosotros/-as)	queréis
(ellos/-ellas)	....		(ellos/-ellas)	....

15 Escribe los cuidados que necesitan estos animales.

Hay que lavar al perro.

16 Relaciona las columnas.

Es un buen amigo del hombre.	gato
Es rápido y elegante.	caballo
Son de colores y están en el agua.	perro
Es pequeño y come zanahorias.	peces
Es pequeño pero canta muy bien.	conejo
Es muy limpio e independiente.	pájaro

17 Describe los animales de las imágenes.

(grande) pequeño blanco tranquilo rápido
simpático sociable elegante juguetón bonito

Es grande...

---

portfolio ★★★★★★...

18 Haz un mural con los animales preferidos de la clase.

Piensa en tu animal preferido y busca información (en revistas, en internet...). Añade su foto.

Completa la ficha con sus características.

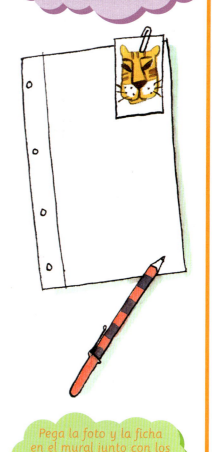

Pega la foto y la ficha en el mural junto con los animales de tus compañeros.

setenta y uno

CULTURA

Animales únicos

19 María Isabel Pacheco es una aventurera que investiga la manera de proteger a los animales en peligro de extinción. Estos son sus animales preferidos. Lee las fichas.

Nombre común: Tortuga gigante de las Galápagos
Lugar: islas Galápagos (Ecuador)
Son tortugas muy grandes (1 metro y 250 kilos). Viven más o menos 170 años. Están en peligro de extinción y solo existen en las islas Galápagos.

Nombre común: Iguana de Mona
Lugar: Puerto Rico
Las iguanas de Mona viven en Puerto Rico, Cuba, Jamaica... Estas iguanas son muy largas (1,3 metros). La iguana de Mona es diferente a la iguana verde que venden en las tiendas de animales.

Nombre común: Orca
Lugar: Patagonia (Argentina)
La orca es el animal más grande de la familia de los delfines. Vive en todos los océanos. Come peces, focas, ballenas y aves. Las orcas viven solas o en grupos de 50 orcas.

Nombre común: Cóndor
Lugar: Los Andes
El cóndor vive en la cordillera de los Andes, desde Venezuela a Tierra de Fuego (Chile). Es el ave voladora más grande del mundo (3 metros de ala a ala y 1,20 metros de la cabeza a la cola). Vive más o menos 50 años.

- Escucha su entrevista y señala el orden en el que habla de estos cuatro animales.

    1.º .... 2.º .... 3.º .... 4.º ....

20 Lee el texto y escribe *sí* o *no* en las siguientes afirmaciones.

- El cóndor es el símbolo de la riqueza para el Imperio inca.
- El cóndor es un animal violento y agresivo.
- El cóndor está en peligro de extinción.

> En la época del Imperio inca (1200-1500) el cóndor es mensajero de los dioses y símbolo de sabiduría.
> Es un animal pacífico y sociable y le gusta mucho dormir. Actualmente, el cóndor andino está en peligro de extinción.

Animales viajeros

21 Observa este billete y di a qué medio de transporte corresponde.

☐ autobús ☐ tren ☐ avión ☐ metro

```
[71] N.º AC 3657600            BILLETE + RESERVA    EL  0030  APPE0809
Nuevo CIF: G84144161                                    00000000  6251
Grandes Líneas Renfe                                    20/10/05  15:51
080929362502    40113

DE         A         CLASE  FECHA   HORA SALIDA  TIPO DE TREN  COCHE  N.º PLAZA  DEPARTAMENTO  N.º TREN
PTA.ATOCHA TARANCÓN  U      03.11   08.50        REG.NAL       ....   ....                     8160
           HORA DE LLEGADA-->: 10.10                           CLIMATIZ.

LA PERSONA A LA QUE ACOMPAÑA ES RESPONSABLE DE LOS DAÑOS Y MOLESTIAS.
           UNO POR VIAJERO. HASTA 6 Kg. EN JAULA, MÁXIMO 60x35x35 cm.

055 ANIMALES DOMÉSTICOS                              IVA 7%:**0,17
    METÁLICO                                         Precio ****2,60@@
                                                     Incluido S.O.V. e I.V.A.
```

Para viajar en tren por España con animales domésticos necesitas un billete como este. Es un billete con la información del pasajero y de su mascota.

- Señala la información correcta.

VIAJEROS CON ANIMALES DOMÉSTICOS • INFORMACIÓN

1. LOS ANIMALES DE COMPAÑÍA QUE VIAJAN EN TREN PESAN:

   ☐ 5 kilos ☐ 6 kilos ☐ 8 kilos

2. EN EL TREN HAY QUE LLEVAR A LOS ANIMALES DOMÉSTICOS:

   ☐ en una jaula ☐ sueltos

3. CADA VIAJERO TIENE DERECHO A TRANSPORTAR:

   ☐ 1 animal ☐ 2 animales ☐ 3 animales

4. EL DUEÑO ES RESPONSABLE DEL ANIMAL:

   ☐ sí ☐ no

- Compara la situación de España con tu país.

autoevaluación
Perros y gatos

22 Responde a las siguientes preguntas y comprueba tus conocimientos

a) Anota cómo expresamos necesidad.

.... + infinitivo

b) Relaciona correctamente estos contrarios.

grande — alto
rápido — pequeño
bajo — negro
blanco — lento

c) Completa.

Es .... como un

Es .... como una

d) Señala la respuesta correcta.
- Estos caballos es muy grande.
- Estos caballos son muy grandes.

e) Descubre el animal escondido.

efatnele ....
gaauni ....
cojeno ....

f) Completa con *yo, tú, él, nosotros, vosotros, ellos*.

.... queremos adoptar un gato.

.... limpias la casa del perro.

g) Escribe la forma adecuada del verbo.

Ella (cuidar) .... a sus animales.

Ellos (limpiar) .... el bebedero del gato.

h) Completa con *qu* o *c*.

ras_ador
_ama
pe__eño
tran__ilo

i) Escribe las vocales que faltan en estos objetos para animales.

c_p_ll_
c_ l _ mp_ _
c_rr_ _
j_g_ _t_s

j) Escribe.

a + el = ...
a + la = ...
de + el = ...
de + la = ...

portfolio ★★★★★★ ★ ★ ★

23 Haz tu autoevaluación de esta unidad.

	sí	no
¿Puedo describir y comparar animales?		
¿Puedo expresar necesidad?		
¿Puedo decir nombres de animales y objetos para su cuidado?		
¿Puedo hablar de cómo viajar con animales?		

Mis estrategias

REPASO 2

1 Lee el menú, busca en el diccionario y completa la tabla.

ingredientes	
verduras	tomate
carnes	
pescados y mariscos	
productos lácteos	

PIZZERIA D'ALESSIO
PIZZAS
C/ Cervantes, 1   28014 Gijón
A DOMICILIO Tel. 985 27 59 14

MARGARITA .... 8€
tomate, *mozzarella*, albahaca fresca
JAMÓN Y CHAMPIÑONES .... 9€
tomate, *mozzarella*, jamón, champiñones
CUATRO ESTACIONES .... 10€
tomate, *mozzarella*, alcachofa, pimiento, jamón de York, champiñones
BEICON .... 10€
tomate, *mozzarella*, beicon
CUATRO QUESOS .... 11€
tomate, *mozzarella*, queso azul, roquefort, *gouda*
VEGETARIANA .... 11€
tomate, *mozzarella*, berenjenas, calabacín, pimiento
GAMBAS .... 11€
tomate, *mozzarella*, gambas
MARINA .... 12€
tomate, *mozzarella*, atún, anchoas, mejillones

2 Lee el folleto, busca en el diccionario y completa los mapas de palabras.

.......río....... ....
              \\   /
              entorno
              /   \\
....

....
              \\   /
           instalaciones
              /   \\
....

....
              \\   /
             animales
              /   \\
....

PIRINEOS 2007
1-15 AGOSTO
CAMPAMENTO DE VERANO
DIVERSIÓN + NATURALEZA

Entorno: hay un río, un bosque y un lago a 2 kilómetros. Jardín para hacer actividades y deporte. Pueblo muy bonito a 4 kilómetros.

Instalaciones: habitaciones para grupos de 6 personas, baños, cocinas y comedor. Hay una terraza grande y piscina.

PROGRAMA
- Taller educativo con perros, gatos, caballos, conejos, gallinas...
- Excursiones y deportes acuáticos.

3 Lee el anuncio de periódico y busca estas palabras en el diccionario.

SOCIEDAD PROTECTORA DE ANIMALES Y PLANTAS MANOS AMIGAS
¿Ayudas?
¡Es fácil!
- Voluntario en labores de rescate.
- Cuidado y adopción de animales.
- Familia de acogida.
- Donativos o materiales prácticos (comida, correas, bebederos, comederos, mantas...).
- Denuncias de malos tratos y abandonos.
- Socios: cuota 5 € al mes.

902 356 443 manosamigas@yahoo.com

acogida: ....

hogar: ....

rescate: ....

Revisa las unidades 3, 4 y 5 y haz tu diccionario con las palabras más importantes para hablar de comida, familia y amigos y animales.
- Organiza las palabras por temas y alfabéticamente.

REPASO 2

Ahora ya sé

 4 Completa la información que falta.

Desayunos y meriendas

	7.30 h	13.00 h	16.30 h	20.00 h
sustantivo				cena
verbo		comer		
alimentos 🙂	leche			
alimentos 🙁	café			

- Pregunta a tu compañero si le gustan los alimentos de tu tabla.

RECUERDA
Para expresar gustos uso el verbo:
....

 5 Anota en la lista qué cosas hay en la habitación de tu compañero. Dibuja en el plano dónde están.

Música y libros

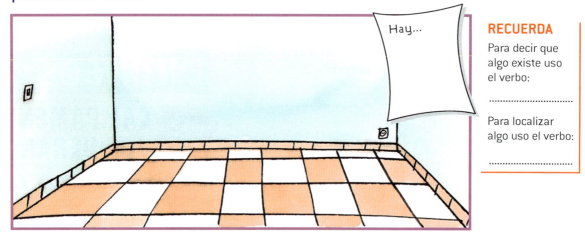

Hay...

RECUERDA
Para decir que algo existe uso el verbo:
....
Para localizar algo uso el verbo:
....

6 Relaciona y compara.

Perros y gatos

grande
fuerte
rápido
pequeño
blanco

un león
un águila
un mosquito
un elefante
la nieve

RECUERDA
Para comparar uso:
es + (adjetivo) + ...

Es grande como un elefante.
Es .... como ....   Es ....
Es .... como ....   Es ....

7 Escribe cinco acciones para cuidar a un perro.

Hay que lavar a los perros.
....
....

RECUERDA
Para expresar necesidad uso:
hay que + ...

Juegos

REPASO 2

8 El juego del arco iris. Tira el dado, avanza y contesta las preguntas.

🟧 léxico   🟦 cultura   🟩 comunicación   🟨 nube de letras

🟨 Nube de letras: busca un objeto o mueble en la sopa de letras y haz una frase con esa palabra. Si respondes correctamente, sigues tirando.

🟥 Di dos alimentos de ese color y un plato con esos ingredientes. Si respondes correctamente, adelantas una casilla.

REPASO 2

Soy genial

Sé
- hablar de mis gustos.
- pedir comidas y bebidas en un lugar público.
- nombres de comidas, bebidas y colores.
- hablar de objetos y describirlos.
- hablar de las partes de una casa.
- decir qué hay en un lugar y localizar dónde están las cosas.
- hablar de lo que hago todos los días.
- nombrar, describir y comparar animales.
- expresar necesidad.
- aspectos nuevos de la cultura de España y de América Latina.
- extraer información y organizarla en esquemas o tablas.
- hacer mapas con palabras.
- completar listas con información.

9 Compruébalo tú mismo.

6
- Mi perro tiene mal una pata y está triste.
- (Responde y expresa necesidad.)

5
- A mí, me gustan mucho los caballos, ¿y a ti?
- (Describe a tu animal preferido. Incluye una comparación.)

4
- Los fines de semana estudio mucho, ¿y tú?
- (Responde y di dos acciones que haces todos los fines de semana.)

3
- En mi clase hay mesas muy grandes, ¿y en tu clase?
- (Describe tu clase: qué hay y dónde está.)

2
- Yo quiero un refresco.
- (Pide al camarero la bebida de tu compañero y la tuya.)

1
- ¿Qué comidas te gustan?
- (Responde con comidas y bebidas que te gustan.)

10 Clasifica estas palabras.

ventana   huevo   pasillo   lentejas   lámpara   cebolla   peces   baño
tortuga   leche   pájaro   perro   caballo   espejo   pescado

casa	comidas y bebidas	animales
ventana		

Sol y nieve

1 Observa el mapa de Europa y dibuja el tiempo que hace en estos países.

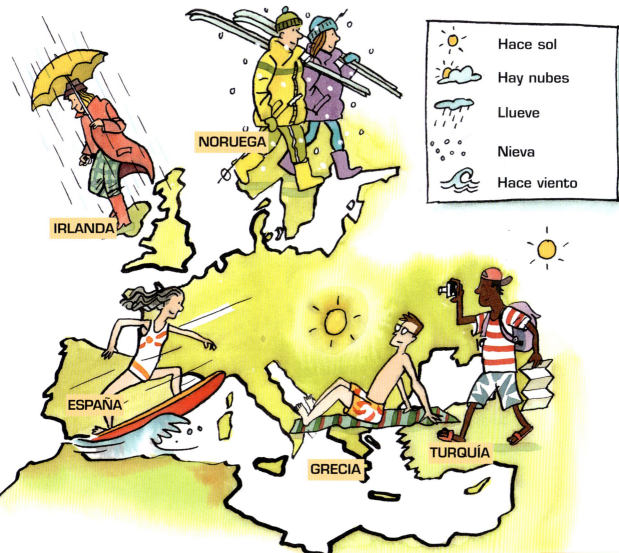

- Lee los comentarios y relaciónalos con los países donde están de vacaciones estas personas.

A "Estoy en la playa. Hace mucho calor y mucho sol. Hace 35 grados de temperatura." ...Grecia...

B "Aquí hace buen tiempo. Hace calor, 28 grados de temperatura. No hace viento y hace sol. Este país es muy bonito." ....

C "Hace mucho frío. Nieva un poco. La nieve está perfecta para esquiar y hay poca gente en la estación." ....

D "Llueve un poco pero no hace frío. Hay nubes. Hay que coger un paraguas." ....

E "Hace sol, hace viento y hay olas. Genial para practicar surf." ....

COMUNICACIÓN
→ Hablar del clima
→ Indicar cantidad
→ Expresar acciones en futuro

VOCABULARIO
→ Expresiones sobre el clima
→ Complementos para el calor y el frío

GRAMÁTICA
→ Presente de indicativo: *hacer, llover, nevar*
→ Gradativos de cantidad
→ Adverbios de modo: *bien, mal*
→ Perífrasis de futuro y marcadores temporales

CULTURA
→ Vacaciones y gestos

COMPRENSIÓN Lección 1

Hace calor

2 Escucha y lee el diálogo. ¿Qué tiempo hace en las islas Canarias? ¿Y en la ciudad de Néstor?

- Hola, Néstor, ¿qué tal?
- Bien, ¿y tú?
- Muy bien, ¡tengo una postal de mi padre! Está en España, en las islas Canarias, por trabajo.
- ¿Canarias? ¿Dónde está?
- Cerca de África, en el océano Atlántico. Mi padre está en Lanzarote.
- ¡Qué bien! ¿Y va a la playa?
- Sí, todos los días, porque hace mucho calor. Dice que en Canarias hace sol y buen tiempo todo el año. Además, hace viento y puedes hacer surf y *windsurf*. ¡Qué suerte! ¿Verdad?
- Sí… Aquí hoy hay nubes, llueve y hace frío.
- Sí… ¡Qué mal tiempo!

3 Lee la postal y completa los mapas de palabras.

Hola, Néstor, ¿qué tal estás?
Estoy en Lanzarote, en las islas Canarias. Son muy bonitas. Lanzarote se llama también la isla del fuego porque hay muchos volcanes.
Aquí hay muchas playas y muchas personas que hacen surf. Puedes hacer espeleología porque hay muchas cuevas. Hay también muchos hoteles, restaurantes, muchos pueblos pequeños para visitar y muchas tradiciones.
En la isla en la que estoy ahora hay pocos coches, y ahora en diciembre ¡hay pocos turistas!
Muchos besos para todos,
Papá

Néstor Darín
c/Esmeralda 543
Buenos Aires
Argentina

Hay muchos — volcanes, ..., ..., ...

Hay muchas — playas, ..., ..., ...

Hay pocos — coches, ...

4 Relaciona las informaciones sobre el clima con las imágenes.

Hace mucho calor: ....
Hace viento. ....
Llueve mucho y hace frío. ....
Nieva. ....
Llueve un poco. ....

 5 Elige una ciudad del mapa y describe el tiempo que hace. Tu compañero adivina cuál es.

- ¿Qué tiempo hace?
- Llueve y no hace sol.
- ¡Es A Coruña!

Agenda de gramática

Hablar del clima
- ¿Qué tiempo hace hoy?
- Hace frío y viento.

¡Qué bien! Hoy hace 24 grados, hace calor.
¡Qué mal! Hoy llueve un poco.

Indicar cantidad

En el norte de España normalmente llueve mucho y en el sur hace mucho calor y llueve poco.

En Canarias hay muchos hoteles y muchos restaurantes. También hay muchas tradiciones interesantes.
En invierno hace poco frío y no llueve mucho.

- ¿Cuántos turistas hay?
- Hay muchos turistas.

Presente de indicativo

HACER: hace frío/calor/sol/viento/20º...
LLOVER: llueve
NEVAR: nieva

Gradativos de cantidad
verbo + mucho / poco / un poco

mucho/-a/-os/-as | + sustantivo
poco/-a/-os/-as

Adverbios de modo
bien: señala algo positivo
mal: señala algo negativo

¡Observa!

Hace calor/frío/viento/sol...

COMPRENSIÓN

Lección 2

¿Qué vas a hacer en vacaciones?

6 Lee el artículo y contesta las preguntas.

EL PERIÓDICO del COLE EXTRA
Lunes, 25 de mayo de 2009
¡VACACIONES DE VERANO!

ENTREVISTA A LOS ALUMNOS DEL INSTITUTO
Los estudiantes hablan de sus planes para estas vacaciones.
¿Qué vas a hacer las próximas vacaciones? ¿Dónde? ¿Con quién? ¿Cuánto tiempo?

María Villar

Voy a viajar con mis padres y mi hermana. Vamos a ir de camping a Italia doce días. Vamos a montar en bicicleta, visitar ciudades y caminar por la montaña. Viajamos con unos amigos de mis padres y sus hijos. ¡Son muy simpáticos!
Olga López Blanco

Estas vacaciones voy a visitar a mi familia en Colombia. ¡Voy a viajar en avión! Después vamos a hacer un pequeño viaje juntos por mi país.
Rosa Andrade

¿Mis próximas vacaciones? Voy a ir al pueblo de mis abuelos. Está en Navarra. Voy a hacer excursiones, si hace bueno voy a bañarme en el río, voy a ver a mis amigos y mis tíos... Es muy divertido. ¡Vamos a ir a las fiestas del pueblo!
Gustavo Jiménez López

En vacaciones voy a quedarme en Málaga con mi padre. Vamos a ir a la playa y a la piscina. Voy a salir con mis amigos y voy a leer, ver la tele, voy a ir al cine... ¡Ah, y un día vamos a ir a la playa a hacer surf!
Juanma Gutiérrez Sánchez

Actualidad 2
Concurso de poesía 6
Viaje de fin de curso 7

¿Qué tipo de texto es?	(un periódico)	una página web	un anuncio
¿Cuál es el tema del texto?	los exámenes	las vacaciones	el colegio
¿De qué época del año habla el texto?	de la primavera	del verano	del otoño
¿Quiénes son los protagonistas del texto?	los padres	los profesores	los chicos

● Escucha las entrevistas y completa la tabla.

	¿Qué va a hacer?	¿Con quién?
Olga		
Rosa		
Gustavo		
Juanma		

 7 Entrevista a tu compañero sobre sus próximas vacaciones.

- ¿Qué vas a hacer en vacaciones?
- Voy a estar en casa con mis padres y mis hermanos. Vamos a ir a la piscina y a la playa.

8 Relaciona los propósitos con las imágenes.

- **Decide qué planes quieres hacer tú el próximo curso.**

  Voy a estudiar mucho español, voy a ayudar en casa y voy a salir con mis amigos.

Agenda de gramática

Expresar acciones en futuro
- ¿Vas a ir mañana al cine?
- No, mañana voy a estudiar. Tengo examen.
- ¿Qué vais a hacer la próxima semana?
- Vamos a ir a la montaña.

Perífrasis de futuro
ir a + infinitivo

Marcadores temporales de futuro
mañana
la próxima semana
el próximo mes/año

¡Observa!
¿Qué **haces** mañana? / ¿Qué **vas a hacer** mañana?

VOCABULARIO

Frío o calor

9 Observa estos complementos y anota su nombre en la mochila correspondiente.

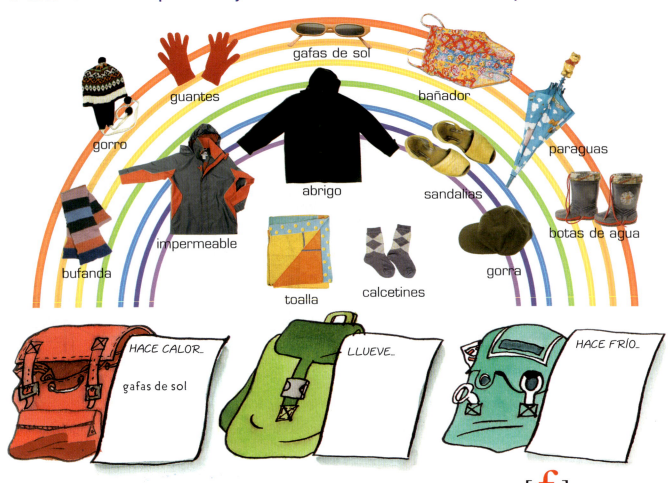

- gafas de sol
- guantes
- bañador
- gorro
- paraguas
- impermeable
- abrigo
- sandalias
- botas de agua
- bufanda
- toalla
- calcetines
- gorra

HACE CALOR...
gafas de sol

LLUEVE...

HACE FRÍO...

10 Elige qué actividades haces en estas situaciones.

Hace calor	nadar en la playa
	hacer un muñeco de nieve
	tomar un helado
	ir con los amigos a la piscina
Llueve	tirar bolas de nieve
	ir al cine
	esquiar
	ver en casa una película de DVD
Nieva	tomar el sol
	hacer surf
	ir a patinar

- Añade más actividades.

[f]

 Escucha estas palabras.

bufanda
lluvia
bañador
nieve
nube

En español la *b* y la *v* se pronuncian igual: /b/

Se escribe *b* cuando va seguida de otra consonante: *bl*, *br*. Por ejemplo: amable, blanco.

Escucha las siguientes palabras y escríbelas.

ochenta y cuatro

Este verano

11 Lee este correo electrónico. ¿Qué complementos necesita Santiago para sus vacaciones? Ayúdale a hacer su maleta.

¡Hola, Marco! 😊

Estos son mis planes para este verano. ¿Te apuntas? En julio voy a estar en Santander, en el norte, con mis abuelos, pero en agosto voy a ir con mis padres de vacaciones a Cádiz, al sur de España. ☀

En julio, en Santander no hace mucho calor, hay nubes y llueve un poco pero vamos a ir a la playa. En Santander hay unas playas increíbles. También vamos a ir con los amigos a tomar refrescos, al cine, al parque, a jugar al tenis... También vamos a ir los fines de semana a la montaña. La montaña en el norte de España es muy verde y tiene un paisaje natural impresionante. Hay que llevar un impermeable, un paraguas y unas botas, y también un bañador porque ¡no sabes si va a hacer sol o va a llover!

En agosto vamos a estar en Cádiz. Es una ciudad muy bonita, está en el sur de Andalucía y hace mucho calor. En Cádiz vamos a ir a la playa todos los días. Vamos a hacer *windsurf* porque muchos días hace viento. Vamos a bañarnos, a bucear y vamos a visitar los pueblos que hay cerca. Hay que llevar bañador, toalla y gafas de sol. En Cádiz tengo muchos amigos y todos son muy simpáticos.

Un abrazo, 😊

Santiago

12 Escribe un correo electrónico a un amigo con tus planes de verano e invítalo.

PREPARA TUS IDEAS

- Piensa dónde vas a estar o ir de vacaciones.
- Averigua información sobre el lugar y descríbelo: dónde está, qué tiempo hace, si es bonito...
- Piensa qué cosas vas a hacer y con quién.

ochenta y cinco

REFLEXIÓN GRAMATICAL

A mal tiempo, buena cara

13 Lee el cómic y contesta las preguntas.

- ¿Qué dices para hablar sobre el tiempo que hace?
- Completa la frase con el verbo *hacer*: ¿Qué tiempo .... ? ¿ .... sol?
- Completa con *ir a*: (yo) .... estudiar; (tú) .... estudiar; (ella) .... estudiar.
- Cuando una cosa no es correcta o no nos gusta, ¿qué decimos: *bien* o *mal*?

PRÁCTICA GRAMATICAL

14 Observa estas imágenes y escribe qué tiempo hace.

Llueve.

....

15 Completa con *mucho/-a/-os/-as*.

- ....Muchos.... amigos estudian español en el colegio.
- Hay .... gente en la playa.
- Hoy nieva ....
- No hay .... restaurantes en mi barrio.
- Aquí hay .... personas.

16 Observa las imágenes y completa con *voy a* y *vamos a* y la acción correspondiente.

Vamos a ir a la playa.
....
....
....

17 Completa estas frases con tus planes de futuro.

- Llueve mucho. Voy a ver una película en casa.
- Hace frío. ....
- Hace sol y calor. ....
- Tengo internet. ....
- Es sábado. ....

portfolio ★★★★★★

18 Haz una guía de viajes para las vacaciones.

Elige un sitio para ir de vacaciones y busca una fotografía de ese lugar.

Infórmate y describe el tiempo que hace en ese lugar.

Piensa qué actividades puedes hacer y busca fotografías de esas actividades.

Añade tu guía a las de tus compañeros.

CULTURA

Vacaciones

19 Lee esta publicidad de una agencia de viajes. ¿Qué destino te gusta más?

Destinos Únicos

Todos soñamos con las vacaciones de verano: niños, jóvenes y adultos. El destino más deseado siempre es la costa, la playa. Estos son algunos de los lugares más increíbles para unas vacaciones en el mar. ¡Soñar es gratis!

Las **islas Malvinas** están en el océano Atlántico, cerca de Argentina. Estas islas tienen un clima frío y hace mucho viento. Llueve 250 días al año y nieva mucho. En diciembre hay muchos animales en las playas: pingüinos, focas, aves...

Las **islas Baleares** están en el mar Mediterráneo, al este de España. En estas islas hace sol unos 300 días al año. En las Baleares tienes muchas cosas para hacer: ir a la playa, nadar en el mar, ir en barco o caminar por las islas. Vas a ver mucha gente porque es un lugar para todos los gustos.

Arica está en la costa norte de Chile, en el océano Pacífico. No llueve, el clima es desértico. El mar es muy fuerte. Tiene los atardeceres del Pacífico más impresionantes. Es un paraíso para deportistas y amantes del mar: actividades acuáticas, surf, *bodyboard*...

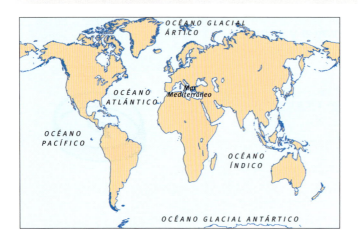

- Fíjate en los textos anteriores. ¿En qué océanos o mares están las playas de estos destinos? Señálalos en el mapa.

20 Lee el texto y averigua cuándo son las vacaciones en España y Argentina.

Las vacaciones de verano son muy largas porque cuando hace calor es difícil estar concentrado en clase. Según el clima y los países, las fechas cambian. Por ejemplo, en España las vacaciones de verano son del 25 de junio al 1 de septiembre, pero en Argentina las vacaciones de verano son cuando en Europa es invierno: del 15 de diciembre al 1 de marzo. En países tropicales como Venezuela, las vacaciones son en agosto, como en España, pero empiezan las clases más tarde, el 15 de septiembre.

Gestos

21 Los gestos también comunican. Observa las situaciones y di qué expresan los gestos.

Sirven para…
hablar del clima • describir lugares y cosas • expresar sentimientos y emociones • invitar • conocer, saludar y despedirse

¡Qué calor!
¡Qué frío!
¡Qué suerte!
¡Cómo llueve!

22 Observa estos gestos y situaciones en España para saludar y despedirse.

- En España primero se da un beso en la mejilla derecha y después en la izquierda. ¿Cómo saludas y te despides en tu país?

89 ochenta y nueve

autoevaluación
Sol y nieve

23 Responde a las siguientes preguntas y comprueba tus conocimientos.

a Di qué tiempo hace.

b Di lo contrario de estas palabras.

mucho

bien

c Completa con el verbo adecuado.

Hoy .... calor.

Ahora .... mucho, hay que llevar paraguas.

d Escribe qué vas a hacer.

mañana

la próxima semana

e Señala las dos frases incorrectas.

Yo voy a salir.
Tú va a nadar.
Ellos vamos a comer.
Ella va a dormir.
Nosotros vamos a trabajar.

f Escribe qué haces en estas situaciones.

Tienes tiempo libre.

Tienes exámenes.

g Señala en qué persona se usan siempre los verbos *llover* y *nevar*.

en 1.ª persona

en 2.ª persona

en 3.ª persona

h Indica en qué mes son las vacaciones de verano en Argentina.

i Escribe en español una palabra con *b*, y una palabra con *v*.

j Relaciona el clima con el complemento.

lluvia   bufanda
frío   bañador
calor   gorro
          paraguas
          botas
          gorra

portfolio ★★★★★

24 Haz tu autoevaluación de esta unidad.

	sí	no
¿Puedo hablar del clima?		
¿Puedo hablar de planes futuros?		
¿Puedo hablar de lugares de España y América Latina?		
¿Puedo entender algunos gestos de los españoles?		

Guitarras y pinceles

7

1 Observa las imágenes y averigua qué sabe hacer muy bien Mario.

☐ deportes ☐ manualidades ☐ música y baile

arreglar un aparato eléctrico 😊

hacer punto 😊

tocar la guitarra ☹

pintar 😊

patinar ☹

bailar ☹

jugar al baloncesto ☹

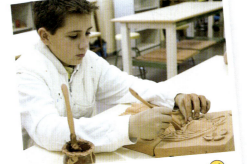
hacer una escultura 😊

- **Revisa las imágenes anteriores y escribe qué sabe y qué no sabe hacer Mario.**
  Mario sabe arreglar un aparato eléctrico y no sabe tocar la guitarra.

COMUNICACIÓN
→ Hablar de habilidades
→ Preguntar por algo (no) mencionado
→ Hablar de intereses personales
→ Mostrar interés

VOCABULARIO
→ Actividades artísticas y de ocio
→ Expresiones para mostrar interés

GRAMÁTICA
→ Presente de indicativo: *saber, aprender, enseñar*
→ Interrogativos: ¿qué?, ¿cuál?
→ Conjunción adversativa *pero*
→ *Aprender/Enseñar* con sustantivos e infinitivos
→ Frases exclamativas

CULTURA
→ Bailes y pintores

91 noventa y uno

COMPRENSIÓN Lección 1

¿Sabes esgrima?

2 Escucha y lee el discurso de la directora del colegio en la entrega de premios. ¿Quiénes son los ganadores?

• Como sabéis, todos los años organizamos una entrega de premios de las actividades creativas y deportivas. Este año tenemos también unos ganadores fantásticos.

El primer premio es para el concurso literario. La ganadora sabe escribir con mucho talento y creatividad: Carla Ruiz. Para ella tenemos su diploma y esta enciclopedia en CD-ROM.

En el concurso de fotografía la ganadora es ¡Gloria Jiménez!, porque hace fotografías increíbles... El premio: una cámara fotográfica digital.

A ver... por favor, ¡ssshh!, silencio. En el concurso de pintura el premio es para un alumno que sabe pintar muy bien. El premio es para... ¡Ismael García!, por su cuadro *Un lunes por la mañana*. Su premio: este maletín con pinceles, pinturas, y también una inscripción en la escuela de pintura "Sorolla".

Finalmente, en las pruebas deportivas estos son los premios para las personas que mejor saben jugar y disfrutar del deporte:

Medalla de oro en fútbol... ¡Teresa Sales!

Medalla de oro en baloncesto... Clase de 2.º B.

Medalla de oro en tenis de mesa... ¡Juan Romero!

Medalla de oro en gimnasia rítmica... ¡Susana Soriano!

Enhorabuena a todos. Muchas gracias y hasta el próximo año.

3 Anota cuáles son las habilidades de los anteriores ganadores.

Teresa Sales *sabe esgrima* .... La clase de 2.º B ....

Gloria Jiménez .... Juan Romero ....

Ismael García .... Susana Soriano ....

Carla Ruiz ....

EXPRESIÓN

4 Averigua si tus compañeros saben tocar alguno de estos instrumentos.

- ¿Sabes tocar el violín?
- No, no sé tocar el violín, pero sé tocar un poco la guitarra.

- Anota qué instrumentos musicales les gustan más y cuáles quieren tocar.

  ¿Qué instrumentos te gustan más? ¿Cuál quieres tocar?

- Organiza un grupo de música o una orquesta. Cuéntaselo a la clase.

Agenda de gramática

Hablar de habilidades

- ¿Sabes tocar la batería?
- No, no sé tocar la batería pero me gusta mucho. Sé tocar la flauta.

Yo sé tocar la guitarra pero no sé tocar el piano. Mi hermana sabe tocar muy bien el clarinete.

Preguntar por algo no mencionado

¿Qué instrumento te gusta más?
¿Qué sabes tocar?

Preguntar por algo mencionado

¿Cuál de estos instrumentos te gusta más: la flauta o el violín?
De estos instrumentos, ¿cuál te gusta más?

Presente de indicativo

	SABER
(yo)	sé
(tú)	sabes
(él/ella)	sabe
(nosotros/-as)	sabemos
(vosotros/-as)	sabéis
(ellos/-as)	saben

Interrogativos

¿Qué + sustantivo? / verbo?

¿Cuál + de + determinante + sustantivo? / verbo?

Conjunción adversativa

pero

¡Observa!

Sé tocar la batería.

93 noventa y tres

COMPRENSIÓN Lección 2

Aprendo pintura

5 Lee el folleto de la academia Es-Tu-Arte y fíjate en las anotaciones. ¿Qué quieren aprender Ricardo y su amigo?

- Hola, Ricardo, ¿qué haces?
- Nada, leer el folleto de la academia Es-Tu-Arte. Hay cursos muy interesantes…
- ¿Ah, sí? A ver… ¡Qué bien, cursos de pintura! Yo quiero aprender a pintar. Y a ti, ¿cuál te interesa?
- Quiero aprender a tocar la guitarra eléctrica.
- ¡Guitarra eléctrica! ¿De verdad? ¿Y sabes tocar un poco?
- Sí, un poco… Aquí dice que enseñan todos los niveles, pero no sé si también este tipo de guitarra.
- Hay que llamar y preguntar los horarios y los niveles. Si las clases son después del colegio podemos ir juntos. ¿No?
- ¡Vale! ¡Tú aprendes pintura y yo aprendo guitarra!
- ¡Genial!

- Escucha y lee el diálogo. ¿Qué información quieren saber para ir a los cursos?

 6 Señala (✓) las respuestas correctas.

En la academia Es-Tu-Arte enseñan a…	
cantar	
cocinar	
pintar	
bailar	✓
tocar el piano	
tocar la guitarra	
jugar al ajedrez	
hacer magia	

Ricardo quiere aprender a…	
bailar	
pintar	
tocar la guitarra	
cantar	
diseñar moda	

A Ricardo le gusta la guitarra…	
española	
clásica	
eléctrica	
acústica	
portuguesa	

Ricardo sabe tocar la guitarra…	
un poco	
bastante	
mucho	
no sabe	

- Decide qué quieres aprender tú en la academia Es-Tu-Arte y pregunta a tu compañero.
  - ¿Tú qué quieres aprender?
  - Yo quiero aprender a bailar, ¡me gusta mucho bailar!
  - ¿Ah, sí? Pues yo quiero aprender diseño de moda.

7 Fíjate en los programas de estos centros culturales y elige el que más te gusta. Escribe tus motivos.

Me gusta el programa de La Casa de Luz porque quiero aprender a hacer fotografías y enseñan fotografía en blanco y negro.

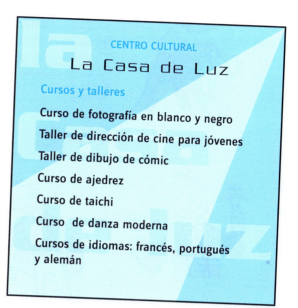

- Compara con tu compañero.

Agenda de gramática

Hablar de intereses personales

Quiero aprender a pintar.
Nosotros aprendemos informática en el colegio.
El próximo año vamos a aprender a tocar el piano.

- En mi colegio enseñan español.
- ¿Ah, sí? En mi colegio no, pero enseñan alemán.

Mostrar interés

¿Ah, sí?
¿De verdad?
¿Ah, sí? ¿De verdad?
¡Qué bien! ¡Qué interesante!
¿Ah, sí? ¡Qué bien!

Presente de indicativo

	APRENDER	ENSEÑAR
(yo)	aprendo	enseño
(tú)	aprendes	enseñas
(él/ella)	aprende	enseña
(nosotros/-as)	aprendemos	enseñamos
(vosotros/-as)	aprendéis	enseñáis
(ellos/-as)	aprenden	enseñan

Aprender/Enseñar con sustantivos e infinitivos

aprender/enseñar + sustantivo: aprendo o enseño algo.
aprender/enseñar + a + infinitivo: aprendo o enseño a hacer algo.

Frases exclamativas

Expresan sorpresa e interés.

¡Observa!

Aprendo música y aprendo a tocar la guitarra eléctrica.

95 noventa y cinco

VOCABULARIO

Aficiones

8 Clasifica estas actividades en la tabla.

LA CASA DE LOS ARTISTAS

bailes	artes escénicas	artes plásticas
tango		

teatro

mimo

magia

salsa

escultura

flamenco

bodegón

pintura abstracta

9 Señala las actividades que sabes hacer tú.

bailar	salsa *rap ballet rock*
cantar	ópera *rock* baladas *rap*
hacer	teatro mimo magia imitación de voces y personajes
pintar	paisajes personas bodegones cómics
cocinar	comida italiana comida española comida oriental postres y dulces
escribir	poesía cuentos novelas cortas artículos de opinión

• Añade otras actividades.

[f]

 Escucha estas palabras y sepáralas en sílabas.

flauta   flau-ta
guitarra
cuento
italiano
paisaje

Algunas vocales juntas en español son una sola sílaba:
a, e, o + i, u / i, u + a, e, o
bai-le, ma-gia

Cuando estas vocales llevan una tilde forman dos sílabas: po-e-sí-a, dí-a

 Ahora escucha estas palabras y subraya la sílaba que suena más fuerte.

<u>flau</u>ta
poesía
magia
baile

Futuros artistas

10 Lee la sección de anuncios breves y selecciona el anuncio para cada situación.

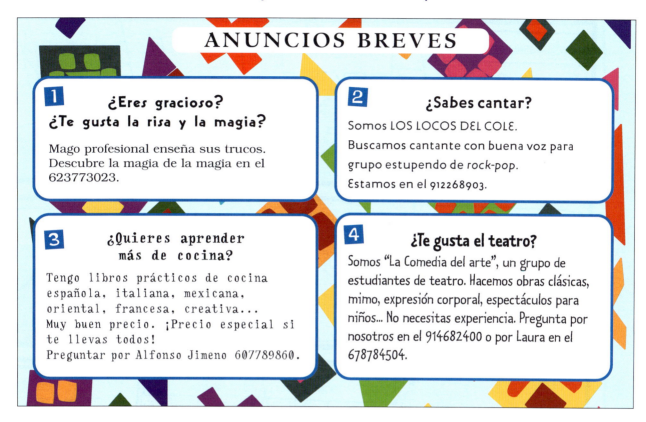

- Selecciona el anuncio que necesitas si...

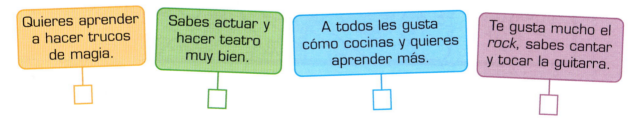

11 Comparte con otros tus habilidades. Escribe un anuncio como los anteriores.

ANUNCIOMANÍA

FORMULARIO PARA LA PUBLICACIÓN DE TU ANUNCIO

NOMBRE: TELÉFONO:
FECHA:
ANUNCIO:

PREPARA TUS IDEAS

- Piensa en tus habilidades y decide qué puedes enseñar.
- Decide qué habilidad es la más representativa.
- Redacta un anuncio breve como los anteriores.

REFLEXIÓN GRAMATICAL

¡Quiero aprender!

12 Lee el cómic y contesta las preguntas.

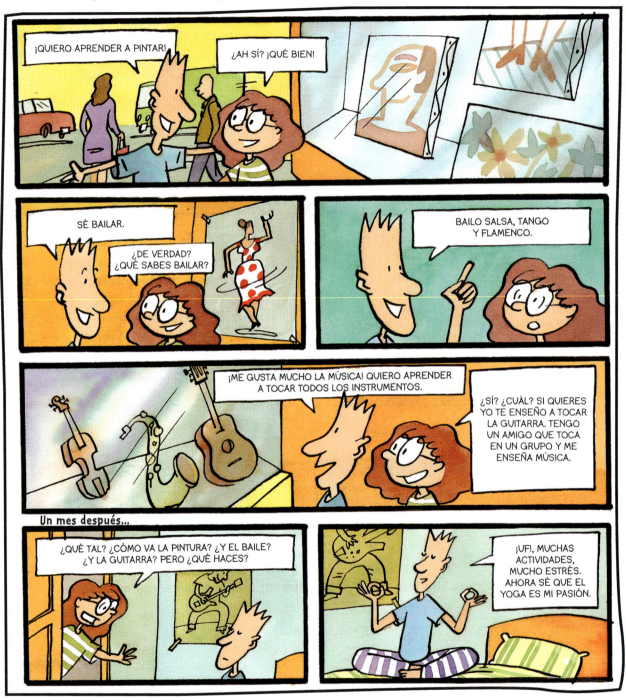

- ¿Cómo hablas de tus habilidades?
- Señala en el cómic expresiones para mostrar interés.
- Relaciona la definición con el interrogativo correspondiente.

  Pregunta por algo mencionado   ¿Qué?
  Pregunta por algo no mencionado   ¿Cuál?
- Completa: aprender .... + infinitivo

PRÁCTICA GRAMATICAL

13 Completa los diálogos.

Dos amigos se encuentran...

- Oye, ¿tú (saber) ......sabes...... tocar la guitarra?
- Yo sí, ¿por qué?
- (Mostrar interés) .... ¿Quieres entrar en nuestro grupo?
- Sí, claro (palabra que expresa una objeción) .... a mí me gusta el rock y el pop.
- ¡Estupendo! Nosotros (saber) .... tocar todo tipo de música.

En una tienda de instrumentos musicales...

- Vendedor: ¿Pianos? Tenemos muchos, de muchos tipos y marcas.
- Rosa: Bueno, yo no (saber) .... mucho...
- Vendedor: Entonces, estos dos pianos son buenos para tu nivel.
- Rosa: ¿Y (qué/cuál) .... es más barato?

14 Relaciona las formas del verbo *saber* con las personas correspondientes.

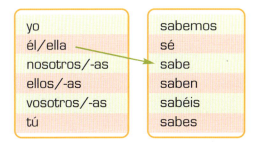

yo	sabemos
él/ella	sé
nosotros/-as	sabe
ellos/-as	saben
vosotros/-as	sabéis
tú	sabes

15 Fíjate en el dibujo y escribe qué sabe hacer Elena.

Sabe bailar sevillanas.

portfolio

16 Diseña el folleto de los cursos de una academia.

Pregunta a tus compañeros cuáles son sus habilidades.

Pregunta qué pueden enseñar y haz la lista con la oferta de los cursos y el nombre del profesor.

Piensa en los horarios, el nombre de la escuela... y crea el folleto.

CULTURA

Ritmos

17 Observa las imágenes y lee el texto. ¿Cuáles son las influencias del flamenco?

El arte flamenco nace en Andalucía, en el sur de España. Es el resultado de muchas mezclas culturales: gitanas, árabes, cristianas y judías. Desde el siglo XIX el flamenco también recibe influencia de la música folclórica de América Latina, llena de ritmos africanos.

Actualmente el flamenco es un arte internacional. Es muy famoso en Japón, en Brasil, en Argentina y en muchos países europeos.

Cantos judíos en las sinagogas durante la Edad Media

Diferentes géneros musicales de América Latina (especialmente de Cuba y de Colombia) en el siglo XIX

Tradición musical del norte de la India (gitanos) en el siglo XVI

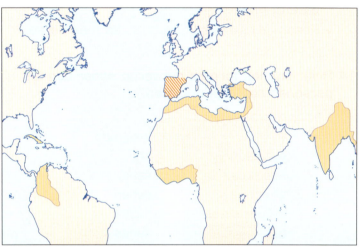

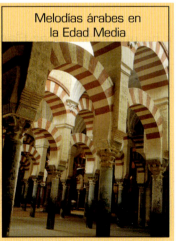
Melodías árabes en la Edad Media

Ritmos africanos

18 Lee el texto para saber cuál es el origen de la salsa.

La salsa es una combinación de varios ritmos y culturas: en el siglo XIX se mezclan elementos musicales cubanos y africanos; en los años sesenta del sigo XX, las personas procedentes de América Latina que residen en Nueva York, combinan los ritmos tradicionales cubanos (son, mambo, rumba, etc.) con el *jazz*. La salsa contemporánea se mezcla con el *rap*, con el *rock* y con otros estilos musicales.

Pintores

19 Observa los siguientes cuadros de pintores españoles. ¿Los conoces? Busca el nombre de sus autores entre las pistas.

Se llama **P**ablo. Es un p**í**ntor del siglo XX **cre**ador del cubi**s**mo. E**s** malagueñ**o**.
Genio de la pintura españ**o**la. Pertenece a los siglos XVIII **y** XIX. Pint**a** la luz y las sombras.
Se lla**m**a Joan, es de Barcelona. Su est**í**lo pictó**ri**co es surrealista. Vive y pinta en el siglo XX.
E**s** un pint**or** impresi**o**nista va**l**enciano de**l** siglo XX. Sus cu**a**dros de playas son famosos.

- ¿A qué cuadro corresponde cada título?

La familia de Carlos IV   Guernica   Después del baño   Detrás del espejo

20 ¿Conoces pintores famosos? Presenta a un pintor de tu país y di el título de un cuadro famoso de él.

a u t o e v a l u a c i ó n
Guitarras y pinceles

21 Responde a las siguientes preguntas y comprueba tus conocimientos.

a) Responde.
¿Qué quieres aprender?
¿Qué quiere aprender tu compañero?

b) Di el nombre.
Un pintor español ....
Un baile típico ....

c) Muestra tu interés.
Canto ópera ....

d) Completa con el verbo *saber*.
yo ....
vosotros ....
ellas ....

e) Completa con *qué* o *cuál*.
¿........... actividad te gusta más?
¿............... de estas dos actividades te gustan más?

f) Identifica la opción correcta.
Aquí enseñan a teatro.
Aquí enseñan hacer el teatro.
Aquí enseñan a hacer teatro.

g) Señala la frase correcta.
Me gusta la pintura, no pinto pero.
Me gusta la pintura pero no pinto.
Me gusta la pintura, pero, no pinto.

h) Di el nombre de estas actividades.

i) Anota el nombre de estos instrumentos musicales.

j) Separa en sílabas y señala la sílaba más fuerte.
poesía ....
paisaje ....
bailar ....

portfolio ★★★★★★★

22 Haz tu autoevaluación de esta unidad.

	sí	no
¿Puedo hablar de mis habilidades?		
¿Puedo expresar interés por las habilidades de otros?		
¿Puedo hablar de actividades artísticas y de ocio?		
¿Puedo expresar qué quiero aprender y qué puedo enseñar?		
¿Puedo hablar de bailes y pintores hispanos?		

Verdades y mentiras

8

1 Mira la imagen y señala en qué lugar del colegio están estos chicos.

☐ en el patio   ☐ en el comedor   ☐ en clase

- Lee las informaciones y di si son verdad o mentira.

Rosa está tocando la flauta.	mentira
Piotrek y Pilar están bailando un tango.	....
Borja, Víctor y Jaime están jugando al fútbol.	....
Alicia está comiendo una manzana.	....
Abdel y Lara están leyendo una revista.	....
Curro está durmiendo.	....
Roberto está escribiendo un correo electrónico.	....
Mercedes y Paz están hablando.	....

COMUNICACIÓN
→ Hablar de acciones en curso
→ Narrar hechos en presente

VOCABULARIO
→ Cuentos: lugares, historias y protagonistas

GRAMÁTICA
→ Formación del gerundio
→ Perífrasis *estar* + gerundio
→ Presente de indicativo: *hacer, salir, venir, jugar*
→ Referentes temporales
→ *Ir / Venir*

CULTURA
→ Trabalenguas y literatura

COMPRENSIÓN Lección 1

¿Qué estás haciendo?

 2 Escucha y lee el diálogo. ¿Cuáles son las tareas de cada miembro del grupo?

- Hola, Sergi.
- Hola, Teresa.
- ¿Qué tal el proyecto de tu grupo?
- Muy bien. Estamos haciendo un trabajo sobre literatura fantástica.
- ¿Y cómo estáis organizando las tareas?
- Pues Susana está buscando información en internet y está leyendo textos. Yo estoy buscando información en la enciclopedia y escribiendo en el ordenador todas las notas.
- ¡Qué bien! ¡Qué organizados!
- Sí, y Jorge está haciendo unos dibujos para el trabajo.
- ¡Qué bonito! ¡Con dibujos!
- Sí, y Álvaro está buscando fotografías. ¿Y tu grupo?
- Pues estamos terminando el trabajo, es sobre cuentos de misterio.
- ¡Cuentos de misterio! ¡Qué divertido!

LITERATURA FANTÁSTICA

¿Cómo estamos organizando las tareas?			
SUSANA	SERGI	JORGE	ÁLVARO
Está buscando información en internet.			

3 Escribe qué están haciendo estos chicos.

Están hablando de música.

EXPRESIÓN

4 Describe qué están haciendo estos chicos y tu compañero adivina quiénes son.

- Están mirando por la ventana.
- Son los profesores, Pep y Lucía.

5 Elige una de estas situaciones, represéntala con mímica y pregunta a tus compañeros.

jugar al tenis | beber un vaso de agua | jugar al fútbol | estudiar | desayunar | limpiar la habitación | hacer un pastel | ver la televisión

- ¿Qué estoy haciendo?
- ¡Estás desayunando!
- No.
- ¿Estás bebiendo un vaso de agua?
- ¡Sí!

Agenda de gramática

Hablar de acciones en curso

- ¿Qué estás haciendo?
- Estoy limpiando mi cuarto.

María está viendo la televisión con su hermana.
Clara y Jorge están leyendo una novela para el colegio.

- ¿Estáis estudiando español?
- No. Estamos estudiando matemáticas.

Formación del gerundio

-ar – estudi-ando
-er – com-iendo
-ir – viv-iendo

irregulares | leer: leyendo
            | dormir: durmiendo

Perífrasis *estar* + gerundio

estar + gerundio

¡Observa!

Juan **está leyendo**.

105 ciento cinco

COMPRENSIÓN — Lección 2

Hoy salgo con mis amigos

6 Lee la página de la revista *Todo Joven* y contesta las preguntas.

TODO JOVEN — ACTUALIDAD

Los padres dicen que sus hijos hablan mucho por teléfono, navegan muchas horas por internet, juegan todo el día a los videojuegos, ven mucho la televisión, salen todos los días con sus amigos... y estudian poco.
Y tú, ¿qué dices?

Me llamo David. De lunes a viernes vengo al colegio y por la tarde hago muchas cosas. Dos días a la semana estudio inglés en una academia. Los martes por la tarde estudio música, toco la guitarra. Los jueves nado en la piscina hasta las ocho y los viernes salgo con mis amigos.

¡Y no hablo mucho por teléfono! Eso sí: todos los días navego por internet más de una hora y veo un poco la televisión. Nunca juego a los videojuegos. No me gustan.

Me llamo Fátima. Por la mañana voy al colegio y por la tarde hago los deberes. Un día a la semana tengo clase de español. Sí, navego mucho por internet, pero porque ¡necesito buscar información para los trabajos del colegio! Y bueno, es verdad, todos los días hablo con mis amigas por teléfono, pero poco tiempo.

Los fines de semana voy al cine, salgo al parque, leo y veo la televisión. Y una vez al mes voy a un concierto, me gusta mucho escuchar música.

Me llamo Manuel. Los sábados por la mañana me levanto tarde, y desayuno con mis hermanos, y ¡no hacemos nada por la mañana! Por la tarde salgo con mis padres y hacemos la compra. Por la noche, a veces veo la televisión. Los domingos juego al fútbol con mis amigos y por la tarde estudio un poco.

Y durante la semana voy al colegio, estudio, hago deporte... y ¡sí, juego mucho a los videojuegos!, todos los días. Pero salgo poco y estudio mucho.

- ¿Qué hace David durante la semana?
- ¿Quién juega mucho a los videojuegos?
- ¿Quién habla todos los días por teléfono?

 7 Escucha la encuesta a estos chicos y anota la frecuencia de sus actividades.

	Leonardo	Lola
ir al cine	dos veces al mes	
hacer deporte		
hacer un viaje		
ir a un concierto		
navegar por internet		todos los días
leer		
jugar a los videojuegos		
estudiar		
salir con amigos		

8 Completa el diario de las vacaciones de Alba con los verbos *hacer*, *salir*, *venir* y *jugar*.

Hola, soy Alba. Estoy en Valencia, en el mar. Todos los días .... a la playa.

Después de la playa, mi padre y yo .... la comida.

Por la tarde, ... al tenis con mis amigas.

Por la noche, mi familia y yo .... a tomar un helado.

 9 Pregunta a tu compañero y anota las respuestas. Haz después una presentación.

¿Qué haces por la mañana? ¿Y por la tarde?

¿Qué ves en la televisión por la noche?

¿Cuándo lees?

¿Cuándo vas al cine?

¿Dónde sales con tus amigos los fines de semana?

¿Qué deporte haces? ¿Cuándo?

¿Qué te gusta hacer en tu tiempo libre?

¿Qué haces en vacaciones?

Alice viene al colegio por la mañana en autobús. Dos veces a la semana estudia música en el conservatorio y...

Agenda de gramática

Narrar hechos en presente

- ¿Qué haces los viernes?
- Los viernes voy al cine.
- ¿Sales mucho con los amigos?
- Salgo dos veces a la semana.

Los sábados jugamos al tenis.
A veces vamos a la montaña.
Nunca voy al colegio en autobús.

- Hola, Carmen, ¿dónde estás?
- En casa.
- Nosotras estamos en el parque, ¿vienes?
- Vale, ahora voy.

 ¡Voy! ¡Vengo!

Presente de indicativo

	HACER ▲	SALIR ▲	VENIR ▲	JUGAR ▲
(yo)	hago	salgo	vengo	juego
(tú)	haces	sales	vienes	juegas
(él/ella)	hace	sale	viene	juega
(nosotros/-as)	hacemos	salimos	venimos	jugamos
(vosotros/-as)	hacéis	salís	venís	jugáis
(ellos/-as)	hacen	salen	vienen	juegan

 ▲ hacer: e > g ▲ salir: g ▲ venir: g, e > ie ▲ jugar: u > ue

Referencias temporales

por la mañana / por la tarde / por la noche

+ siempre
todos los días
una vez / dos veces... a la semana / al mes / al año...
a veces
− nunca

Ir/Venir

ir + a + lugar
venir + de + lugar
venir + a + lugar
 en el que se está

¡Observa!

(en casa) • ¿Ana, vienes **a mi casa** esta tarde?
• Sí, **voy** a las tres.

VOCABULARIO

Protagonistas

10 Observa estas imágenes de *Shrek*, *La Cenicienta* y *Harry Potter*. Subraya en la lista los personajes, objetos y lugares que aparecen.

<u>la varita mágica</u>
el castillo
la madrastra
la corona
el hada madrina
la armadura
el príncipe
la espada
el rey
la reina
el gorro de mago
el ogro
la escuela de magia
la escoba
el bosque
la pócima mágica
la princesa

11 Clasifica las palabras en lugares, objetos y personajes.

Lugares
palacio

Objetos
varita mágica

Personajes
príncipe

(varita mágica)
(palacio)
(príncipe)
mago
gorro de mago
pantano
pócima
bosque
espada
corona
madrastra
escuela de magia
escoba
princesa
castillo
vampiro

[f]

Escucha las siguientes palabras y repítelas.

bosque   guerrero
quinto   guitarra
pequeño   espaguetis
quién   seguir

En español, la sílaba *qu + e, i* se pronuncia como *c + a, o, u*. La *u* no se pronuncia nunca.

En la sílaba *gu + e, i*, la *u* no se pronuncia.

108   ciento ocho

Cuentos de terror

12 Lee este cuento de terror. ¿Cómo se llaman los protagonistas? ¿Dónde viven?

NOCHE DE LUNA LLENA

PRESENTACIÓN

Juan y Susana son hermanos. Viven al lado de una casa grande y vieja como un castillo medieval. Los dos son muy curiosos y a los dos les gustan mucho las historias fantásticas con bosques, magos, pantanos y lugares misteriosos...

NUDO

Una noche de luna llena, Juan y Susana visitan la casa misteriosa. La puerta está abierta, entran y ven muchos muebles y objetos extraños.

—¡Cuidado! Es peligroso. —Dice Juan a su hermana.

Juan sube las escaleras, y Susana va detrás, con miedo. Ven cinco puertas de colores. Abren la puerta roja y entran en la habitación. Hay un piano muy viejo que está sonando solo. Juan y Susana tienen mucho miedo y bajan las escaleras corriendo. Al final de las escaleras hay un hombre con el pelo blanco y los ojos muy negros que les está mirando con una sonrisa.

—¿Qué estáis haciendo aquí? —dice el hombre.

—Mi hermana y yo estamos visitando la casa... —dice Juan— pero ya nos vamos.

—No, no os vais. ¿Os gusta el zumo de naranja?

El señor les cuenta su historia. Se llama Alfredo y es actor. Ahora está haciendo una película sobre fantasmas y va a hacer de vampiro.

DESENLACE

Al día siguiente, Susana y Juan cuentan la conversación con Alfredo a su madre.

—¿Alfredo? ¿Alfredo el actor? ¡Ja, ja, ja, ja! ¡Imposible! La casa está vacía. Su propietario, un actor de cine muy famoso en los años veinte, está muerto.

Susana y Juan beben con terror su zumo de naranja y miran la casa.

- Elige una frase significativa para cada una de las partes de la historia.

PRESENTACIÓN **NUDO** **DESENLACE**

Una casa grande y vieja como un castillo.

13 Escribe una historia de terror a partir de estas imágenes.

PREPARA TUS IDEAS

▸ Observa las viñetas e imagina la historia: quiénes son, qué hacen, qué ocurre.

▸ Anota las ideas principales de la presentación, el nudo y el desenlace.

▸ Escribe la historia.

REFLEXIÓN GRAMATICAL

Tarde de cine

14 Lee el cómic y contesta las preguntas.

- ¿Qué expresión utilizas para expresar que una acción ocurre al mismo tiempo que hablas?
- Completa estas frases: Adrián está (comer) .... Sara está (escribir) ....
- Ordena según la frecuencia de más a menos.
  ☐ nunca ☐ siempre ☐ dos veces a la semana ☐ una vez al mes
- La 1.ª persona del singular de los verbos *hacer*, *salir* y *venir* es...

PRÁCTICA GRAMATICAL

15 Observa las imágenes y completa las informaciones.

Está ...estudiando... un examen.

Están .... al fútbol.

Estoy .... un libro muy interesante.

Estamos .... pasta.

Estáis .... la cocina.

Están .... un helado de fresa y chocolate.

16 Escribe frases sobre lo que está pasando ahora mismo.

- (hacer un ejercicio de español) Estoy haciendo un ejercicio de español.
- (escuchar música) ....
- (llover) ....
- (escribir) ....
- (ver la televisión) ....

17 Escribe la forma correcta del verbo.

- Yo (venir) ...vengo... al colegio todos los días.
- Nosotros (venir) .... a la playa los sábados.
- ¿(Nosotros, hacer) .... los deberes juntos?
- Andrea y yo (salir) .... esta tarde.
- Los viernes siempre (jugar) .... al fútbol toda la clase.

18 Completa el diálogo con el verbo *ir* o *venir*.

¡Hola Carlos! Jorge y yo estamos en casa. ¿Quieres ....?

¡Claro! .... a hablar con mis padres.

¡Papá! .... a casa de Jaime. ¿Vale?

Muy bien.

portfolio

19 Haz un cómic con el cuento de terror de la actividad 12.

Divide el cuento en tres partes: presentación, nudo y desenlace.

Escribe un texto completo para las viñetas.

Dibuja el cómic.

CULTURA

Adivinanzas y trabalenguas

20 Lee con tu compañero estas adivinanzas y descubre la palabra.

Oro parece, plata no es.
¿Qué es?
....

Bonita planta, con una flor que gira y gira buscando el sol.
¿Qué es?
....

Blanca por dentro, verde por fuera, si quieres que te lo diga, espera.
¿Qué es?
....

- Inventa una adivinanza y dísela a tu compañero.

21 Aprende estos trabalenguas de España y de Chile. Repítelos.

Tres tristes tigres comen trigo en un trigal.
¿Cuál de los tres tristes tigres come más?

Yo como poco coco.
Como poco coco como, poco coco compro.

22 Lee este texto sobre los jeroglíficos mayas y busca alguno en internet.

Los jeroglíficos son dibujos de animales, plantas, caras y dioses que representan palabras, letras o sílabas. Los jeroglíficos más famosos son los egipcios, pero no son los únicos. A mediados del siglo XX unos investigadores consiguen descifrar y entender los jeroglíficos mayas. Estos jeroglíficos son un misterioso sistema de escritura utilizado por los mayas (2 600 a. C. al 1 500 d. C.) que tiene más de 800 símbolos.

Literatura

23 Lee la síntesis de *El fabuloso mundo de las letras* y contesta las preguntas.

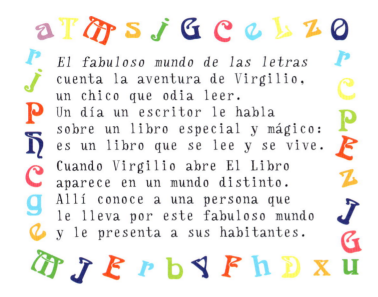

El fabuloso mundo de las letras cuenta la aventura de Virgilio, un chico que odia leer. Un día un escritor le habla sobre un libro especial y mágico: es un libro que se lee y se vive. Cuando Virgilio abre El Libro aparece en un mundo distinto. Allí conoce a una persona que le lleva por este fabuloso mundo y le presenta a sus habitantes.

- ¿Cómo se llama el protagonista?
- ¿Cómo es el libro que lee el protagonista?
- ¿Qué pasa cuando el protagonista abre el libro?

- Lee este fragmento del libro y pregunta a tu compañero qué palabra del *Monumento a las palabras más hermosas* le gusta más y por qué.

[...]
La pared estaba llena de palabras. Decenas, cientos, miles de palabras distintas escritas de muchas formas. Se acercó a ella. Justo unos metros antes de llegar, vio a un lado del camino una piedra con la siguiente inscripción:

MONUMENTO A LAS PALABRAS MÁS HERMOSAS

Y debajo, en letra más pequeña:

Tú también puedes escribir la tuya.

[...]

Jordi Sierra i Fabra: *El fabuloso mundo de las letras*, SM

24 Piensa en la palabra del español que más te gusta por su sonido, su significado, sus letras... Anótala en el *Monumento a las palabras más hermosas*.

- ¿Cuál es para ti la palabra más bonita de tu lengua? Anótala también.

autoevaluación
Verdades y mentiras

25 Responde a las siguientes preguntas y comprueba tus conocimientos.

a) Anota qué están haciendo.
Ella .... agua.
Él ....

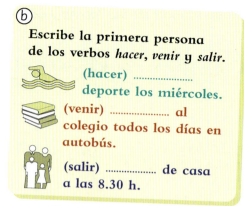

b) Escribe la primera persona de los verbos *hacer*, *venir* y *salir*.
(hacer) .... deporte los miércoles.
(venir) .... al colegio todos los días en autobús.
(salir) .... de casa a las 8.30 h.

c) Completa el diálogo.
¿Qué haces los viernes?
Los viernes (jugar).................... al fútbol con mis amigos.

d) Responde si es verdad o mentira.
Está durmiendo.
Está jugando al tenis.

e) Completa con *ir* o *venir*.
¡Hola, Carmen! ¿.................... a mi casa esta tarde?
¡Hola! Sí. .... a las 17.00, ¿vale?

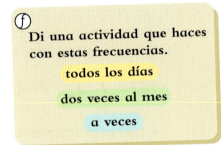

f) Di una actividad que haces con estas frecuencias.
todos los días
dos veces al mes
a veces

g) Escribe el gerundio de estos verbos.
cantar   salir   hacer

h) Una palabra que significa lo contrario de...
siempre
Una expresión que significa lo mismo que...
siempre

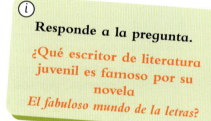

i) Responde a la pregunta.
¿Qué escritor de literatura juvenil es famoso por su novela *El fabuloso mundo de la letras*?

j) Subraya qué vocal no se pronuncia en estas palabras.
bosque   guitarra

portfolio ★★★★★★ ★ ★ ★

26 Haz tu autoevaluación de esta unidad.

	sí	no
¿Puedo hablar de lo que estoy haciendo en este momento?		
¿Puedo narrar hechos en presente?		
¿Puedo hablar de la frecuencia con que hago las cosas?		
¿Puedo adivinar una adivinanza y decir un trabalenguas en español?		
¿Puedo leer historias breves en español?		

Mis estrategias

REPASO 3

1 Haz una lectura global del texto y responde a las preguntas.

En España hay cuatro climas diferentes: el clima mediterráneo, el atlántico, el continental y el clima subtropical de las islas Canarias.

El norte de España (Galicia, Asturias, Cantabria y País Vasco) tiene un clima atlántico. Normalmente llueve mucho todo el año, no hace mucho calor ni mucho frío, y nieva muy poco.

¿Cuál es el tema de este texto?

....

¿Hay solo un clima en España?

....

Cataluña, Valencia, Murcia, Andalucía y las islas Baleares tienen un clima mediterráneo. Llueve muy poco, en invierno hace poco frío y en verano mucho calor. Nieva muy poco.

El centro de España tiene un clima continental. Llueve poco, en invierno hace mucho frío y en verano mucho calor. A veces en invierno nieva mucho.

El clima de las islas Canarias, clima subtropical, es muy especial. Llueve muy poco, nunca nieva y nunca hace frío, siempre hace calor.

Con el paso de los años y el cambio climático global, los climas de estas zonas de España están cambiando.

- Ahora haz una lectura selectiva y completa la tabla.

clima	¿dónde?	calor	frío	lluvia	nieve
atlántico	norte de España				
mediterráneo					
continental					
subtropical					

2 Lee este anuncio del tablón y completa la ficha.

Me llamo Carmen y tengo diecinueve años. Estudio para ser profesora de español y me ofrezco para cuidar niños. Sé tocar la guitarra, sé cantar y hablo inglés. No hablo italiano, pero estoy aprendiendo. Me gustan los niños y los animales. También estoy aprendiendo el lenguaje de signos. Si te interesa, puedes llamarme a mi teléfono móvil: 626354740.

Nombre:
Edad:
Estudia:
Sabe:
Está aprendiendo:
Le gustan:

3 Lee este texto sobre Harry Potter y subraya la información falsa.

Harry Potter es una niña que va a ser actriz. Harry Potter estudia en una escuela, en España. Harry juega muy bien al *quidditch*.

Sus mejores amigos son Ron y Shrek, y los tres utilizan pócimas contra el mago malo, que se llama Burro. Harry lleva gafas y tiene el pelo rubio, y no tiene padres. Cuando no está en la escuela vive con sus tíos y una prima, que se llama Cenicienta.

En la escuela tiene un compañero que se llama Draco, que es malo y que juega muy mal al *quidditch*.

Revisa las unidades 6, 7 y 8 y haz un resumen de los textos de las páginas 82, 100 y 108.
– Anota el tema de cada texto y extrae las ideas importantes.
– Redacta un resumen de cada texto.

REPASO 3

Ahora ya sé

Sol y nieve

4 Pregunta a estas personas y completa la tabla.

¿Qué vas a hacer mañana?	
yo	Voy a ir al colegio y por la tarde voy a ir a clase de inglés.
mi compañero/-a de clase	
mis padres	
mi mejor amigo/-a	

RECUERDA
Para expresar acciones en futuro uso:
.... +
infinitivo

Guitarras y pinceles

5 Completa estas oraciones con el verbo en la forma correcta.

Yo no (saber) .....sé..... tocar la guitarra,
pero (saber) .... montar en bicicleta muy bien.
Juan y Pedro (aprender) .... inglés en el instituto.
Laura (saber) .... jugar al fútbol muy bien.
Nosotros (aprender) .... a cocinar con nuestros padres.
Mi profesor Pedro (enseñar) .... a hablar español.

RECUERDA
Para hablar de mis habilidades uso:
aprender/enseñar +
....
aprender/enseñar +
.... + ...

• **Ahora responde qué sabes hacer y qué quieres aprender.**

¿Sabes...

	tú	tu compañero
jugar al ajedrez?		
cocinar pasta?		
leer en inglés?		
tocar el piano?		
hacer la cama?		

¿Quieres aprender a...

	tú	tu compañero
conducir un coche?		
cocinar un pastel?		
leer en español?		
jugar al rugby?		
hacer surf?		

Verdades y mentiras

6 Observa a estas personas y escribe qué están haciendo en este momento.

Tú: ....
Tu compañero/-a de atrás: ....
Tu profesor/-a: ....
Tu compañero/-a de la derecha: ....
Tu mejor amigo/-a de clase: ....

RECUERDA
Para expresar acciones que se están haciendo en el momento de la enunciación uso:
.... +
gerundio

• **Escribe el gerundio de estos verbos.**

jugar:	salir:
beber:	hacer:
cocinar:	escribir:
dormir:	leer:

116 ciento dieciséis

Juegos

REPASO 3

7 Juego de las serpientes y escaleras. Tira el dado, contesta las preguntas y avanza. Gana el primero que llegue a la casilla final.

Si respondes bien baja por la escalera

Si respondes mal sube por la serpiente

1 SALIDA	**2** Pronuncia correctamente. Pancho plancha con cuatro planchas. ¿Con cuántas planchas plancha Pancho?	**3** ¿Qué vas a hacer el próximo verano?	**4** ¿Qué está haciendo ahora tu profesor?	**5** UN TURNO SIN JUGAR	**6** Hace...
7 ¿Qué actividad quieres aprender?	**8** Está...	**9** Ordena las letras. pircnsae cslloiat	**10** Hace...	**11** Un pintor español y un cuadro	**12** Oro parece y plata no es. ¿Qué es?
13 ¿Qué está haciendo ahora tu compañero/-a de la izquierda?	**14** Completa las palabras. p_í_c_p_ e_c_b_	**15** Di dos actividades que estás aprendiendo.	**16** ¿Qué vas a hacer esta tarde?	**17** ¿Qué tiempo hace hoy?	**18** Completa. Si hace buen tiempo...
19 Di dos nombres de bailes tradicionales de España o América Latina.	**20** UN TURNO SIN JUGAR	**21** Está...	**22** Haz la maleta para unas vacaciones en la nieve.	**23** Una actividad que no haces nunca.	**24** Pronuncia correctamente. Tres tristes tigres comen trigo en un trigal.
25 Di dos instrumentos tradicionales de España o América Latina.	**26** Completa. Si tengo tiempo...	**27** ¿En qué lado se da el primer beso en España?	**28** ¿Qué actividad puedes enseñar?	**29** Tres actividades que vas a hacer mañana.	**30** UN TURNO SIN JUGAR
31 ¿Qué sabes hacer muy bien?	**32** ¿Qué estás haciendo ahora tú?	**33** Haz la maleta para unas vacaciones en la playa.	**34** Una actividad que haces todos los días.	**35** Hace...	**36** LLEGADA

REPASO 3

Soy genial

Sé
- hablar del tiempo que hace.
- hablar de lo que voy a hacer en el futuro.
- verbos de acción.
- hablar de mis habilidades.
- expresar mis intereses.
- expresar acciones que ocurren en este momento.
- narrar hechos en presente.
- vocabulario sobre el mundo de los cuentos y de las leyendas.
- decir adivinanzas y trabalenguas en español.
- aspectos nuevos de la cultura de España y de América Latina.

8 Compruébalo tú mismo.

6
- ¿Y qué haces normalmente en verano?
- (Cuenta tus actividades.)

5
- Hola, ¿qué estás haciendo?
- (Di qué estás haciendo en este momento.)

4
- Yo quiero aprender teatro, ¿y tú? ¿Qué quieres aprender?
- (Expresa tus intereses.)

3
- ¿Sabes tocar la guitarra?
- (Responde y expresa una habilidad.)

2
- ¿Qué vas a hacer mañana por la tarde?
- (Escribe tus planes para mañana por la tarde.)

1
- Voy a salir. ¿Qué tiempo hace hoy?
- (Responde con el tiempo que hace hoy.)

9 Escribe cinco palabras en cada apartado.

verbos de acción	personajes, objetos y lugares de cuentos	actividades artísticas

Mi gramática
Mis palabras

Mi gramática

1. Artículos

Forma	Explicación	Ejemplos
Determinados (m. sg.) **el** libro (f. sg.) **la** clase (m. pl.) **los** libros (f. pl.) **las** clases	Ya sabemos qué libro es. Es un libro específico.	¿Tienes el libro de español? La clase de Juan es pequeña. Los libros están en la mesa. Las clases de literatura son divertidas.
Indeterminados (m. sg.) **un** libro (f. sg.) **una** clase (m. pl.) **unos** libros (f. pl.) **unas** clases	No sabemos qué libro es. No es un libro específico.	¿Tienes un diccionario de español? Hoy tengo una clase de francés. Aquí hay unos libros de música. Hay unas chicas en la puerta.
Contractos **al** parque **del** teatro	a + el de + el	Voy al comedor del colegio. Vengo del cine.

2. Demostrativos

Forma	Explicación	Ejemplos
Pronombres (m. sg.) **este** (f. sg.) **esta** (m. pl.) **estos** (f. pl.) **estas**	Sustituyen a personas u objetos que están cerca de ti.	Este es mi hermano. Esta es mi familia. Estos son mis tíos. Estas son mis cosas.
Determinantes (m. sg.) **este** chico (f. sg.) **esta** chica (m. pl.) **estos** chicos (f. pl.) **estas** chicas	Van delante del sustantivo y tienen su mismo género y número. Señalan que la persona u objeto están cerca de ti.	Este chico es mi amigo. No comprendo esta pregunta. Estos libros son muy interesantes. No comprendo estas palabras.

3. Posesivos

Forma	Explicación	Ejemplos
Determinantes yo → **mi** libro / **mis** libros tú → **tu** libro / **tus** libros él/ella → **su** libro / **sus** libros	Indican relación de pertenencia entre el objeto y la persona. Van delante del sustantivo. Si el sustantivo es singular, el posesivo es singular; si el sustantivo es plural, el posesivo es plural.	Mi libro es muy interesante. Mis amigas no son españolas. Tu libro está en clase. ¿Tus amigas son italianas? Su madre es simpática. Sus hermanos son muy deportistas.

4. Interrogativos

Forma	Explicación	Ejemplos
¿**quién** + verbo? ¿**cuándo** + verbo? ¿**dónde** + verbo? ¿**cómo** + verbo? ¿**cuánto**/-a/-os/-as + sustantivo?	Pregunta por la persona. Pregunta por el momento. Pregunta por el lugar. Pregunta por el modo. Pregunta por la cantidad. Concuerda en género y número con el sustantivo. *Quién*, *cuándo* y *dónde* pueden llevar delante una preposición.	¿Quién es Laura? ¿Cuándo entras al colegio? ¿Dónde vives? ¿Cómo te llamas? ¿Cuántos años tienes? ¿De quién es este libro? ¿Hasta cuándo estás aquí? ¿De dónde eres?

¿**qué** + verbo?
       + sustantivo?
¿**cuál** + verbo?
         + de + determinante + sustantivo?
	Pregunta por objetos.
	
	Indica elección entre objetos de una misma clase.
		¿Qué quieres?
		¿Qué deporte te gusta?
		¿Cuál te gusta?
		¿Cuál de los libros quieres?

5. Adverbios

Forma	Explicación	Ejemplos
bien mal regular	Van detrás del verbo o responden a la pregunta ¿*Cómo*? *Bien*/*Mal* no van nunca con el verbo *ser*. Van siempre con el verbo *estar*.	Hablas muy bien español. • ¿Cómo estás? • Bien, gracias. No bailo mal, ¿verdad? • ¿Cómo estás? • Mal, tengo fiebre. Cantamos regular. • ¿Cómo estás? • Regular.

6. Concordancia de género y número

Forma	Explicación	Ejemplos
el + sustantivo (m. sg.) + adjetivo (m. sg.) **la** + sustantivo (f. sg.) + adjetivo (f. sg.) **los** + sustantivo (m. pl.) + adjetivo (m. pl.) **las** + sustantivo (f. pl.) + adjetivo (f. pl.)	Los determinantes van delante del sustantivo. Tienen el mismo género y número que el sustantivo. Los adjetivos van delante o detrás del sustantivo y tienen también el mismo género y número que el sustantivo y el determinante.	El profesor de inglés es muy divertido. La profesora es muy divertida. Los libros nuevos son interesantes. Las amigas colombianas de Álvaro son muy simpáticas.

7 Gradativos

Forma	Explicación	Ejemplos
Con sustantivos **mucho/-a/-os/-as** **poco/-a/-os/-as**	Expresan cantidad de objetos. El sustantivo puede no aparecer. Concuerdan en género y número con él.	• ¿Tienes amigos de otro país? • Sí, muchos. Tengo pocas amigas españolas. • ¿Tienes amigas españolas? • Sí, pero pocas.
Con verbos **mucho** **poco**	*Mucho/Poco* expresan la intensidad de una acción. Van detrás del verbo y no cambian. *Mucho* puede llevar delante *no*.	Estudio mucho todos los días. Viajamos poco. • ¿Te gusta este dibujo? • No, no mucho.
Con adjetivos y adverbios **muy**	Expresa la intensidad de una cualidad. Nunca va solo.	Este chico es muy guapo. El ejercicio está muy bien.

8 Comparación

Forma	Explicación	Ejemplos
X + **ser** + **como** + Y X + **ser** + **adjetivo** + **como** + Y	Compara dos cosas. Compara la cualidad de dos cosas.	Mi perro es como un león. Mi perro es fuerte como un león.

9 Preposiciones

Forma	Explicación	Ejemplos
a	Indica dirección. Con el verbo *ir*. Indica hora. Indica objeto directo de persona. Indica destinatario (objeto indirecto).	Vamos a Salamanca. Voy a casa a las cuatro. No veo a Juan en la clase. A mí me gusta la *pizza*.
de	Indica origen o procedencia. Indica materia o material. Indica posesión.	Soy de Madrid. Esta mesa es de madera. El libro es de Silvia.
en	Indica localización o lugar.	La mochila está en mi habitación.

Presente de indicativo regular

10

Forma	Explicación	Ejemplos
Estudiar (yo) estud**io** (tú) estud**ias** (él/ella) estud**ia** (nosotros/-as) estud**iamos** (vosotros/-as) estud**iáis** (ellos/-as) estud**ian** **Comer** (yo) com**o** (tú) com**es** (él/ella) com**e** (nosotros/-as) com**emos** (vosotros/-as) com**éis** (ellos/-as) com**en** **Vivir** (yo) viv**o** (tú) viv**es** (él/ella) viv**e** (nosotros/-as) viv**imos** (vosotros/-as) viv**ís** (ellos/-as) viv**en**	**Tres conjugaciones:** verbos en – AR verbos en – ER verbos en – IR **Vocales características:** 1.ª persona siempre *o*: *estudio, como, vivo* Resto de las personas: verbos en –AR ⟶ a verbos en –ER ⟶ e verbos en –IR ⟶ e/i * *Los verbos en –IR solo en las personas *nosotros* y *vosotros* (*vivimos, vivís*). **Formación:** 1.º Quitamos la terminación del infinitivo (-AR, -ER, -IR). 2.º Ponemos la vocal característica + terminación de las personas gramaticales.	Estudio español. Estudias alemán. No estudia inglés, estudia francés. Estudiamos español en el colegio. ¿Estudiáis en Francia? Estudian mucho. Como *pizza*. Comes lentejas. Come patatas fritas. Comemos en casa. ¿No coméis carne? Comen mucha fruta. Vivo en Madrid. ¿Vives en Atenas? Vive en Londres. Vivimos en Pisa. ¿Vivís en España? No viven en esta casa.

Verbos reflexivos

11

Forma	Explicación	Ejemplos
(yo) **me** lavo (tú) **te** lavas (él/ella) **se** lava (nosotros/-as) **nos** lavamos (vosotros/-as) **os** laváis (ellos/-as) **se** lavan	La persona que hace la acción es también la persona que la experimenta. Estos verbos llevan delante un pronombre reflexivo (*me, te, se...*).	No me llamo Carlos, me llamo Charles. ¿Te levantas pronto los sábados? Mi hermana pequeña se ducha sola. Nos lavamos los dientes después de comer. ¿Vosotros os levantáis a las ocho? Ellos se llaman Ana y Pedro.

Verbo *gustar*

12

Forma	Explicación	Ejemplos
(a mí) **me** (a ti) **te** (a él) **le** (a nosotros/-as) **nos** + **gusta / gustan** (a vosotros/-as) **os** (a ellos/-as) **les**	Lleva un pronombre de objeto indirecto delante (*me, te, le...*). *A mí, a ti...* no es obligatorio: lo usamos para contrastar con otra persona. El verbo *gustar* habitualmente se utiliza en 3.ª persona singular o plural. Si lo que te gusta es singular: *gusta* (singular). Si lo que te gusta es plural: *gustan* (plural).	Me gusta mucho el helado. Me gustan mucho las palomitas, ¿y a ti? No le gusta el chocolate. No nos gusta la fruta. ¿Os gustan las patatas fritas? Les gustan mucho las verduras.

123 ciento veintitrés

13. Presente de indicativo irregular

Forma	Explicación	Ejemplos
g poner > pon**g**o	Solo en la 1.ª persona del singular añadimos una -g. El resto es regular (pon**g**o, pones, pone...).	Pon**g**o en la mesa mis cosas. Sal**g**o mañana a las 16.00. Ha**g**o muchos ejercicios de gramática.
e > ie querer > qu**ie**ro	En todas las personas, menos en la 1.ª y 2.ª del plural, la *e* se transforma en *ie* (qu**ie**ro, qu**ie**res.../ queremos, queréis...).	Qu**ie**ro una *pizza*. / Queremos una *pizza*. ¿Mer**ie**ndas a las cinco? / ¿Merendáis a las cinco?
g + e > ie tener > ten**g**o/t**ie**nes	Es la suma de dos irregularidades: *g* en la persona *yo*, y *e* que se transforma en *ie* en las otras personas, excepto en la 1.ª y 2.ª personas del plural (tenemos, tenéis).	Ten**g**o dos hermanos. / T**ie**nes dos hermanos. / Tenéis dos hermanos. Ven**g**o mañana a la una. / V**ie**ne mañana a la una. / Venimos mañana a la una.
oy estar > est**oy**	Solo en la 1.ª persona del singular: *oy*. El resto es regular (est**oy**, estás, está...).	Est**oy** en casa esta tarde.
Totalmente irregulares ser, ir > **soy**, **voy**	Son irregulares en todas las personas (*ser*: eres, es... *ir*: voy, vas...).	Soy portugués. Voy a clase de inglés. ¿Eres italiano? Alessandra va a clase de español.
Verbos defectivos hace, llueve, nieva, hay	Son verbos con un "defecto": solo pueden ir en 3.ª persona del singular y sin pronombre delante. Los verbos meteorológicos (*nieva, llueve, hace frío...*) y *hay* cuando significa existencia.	Llueve mucho. En Cádiz nieva poco. Estos días hace mucho calor. Hay una cama en mi habitación. / Hay dos camas en mi habitación.

14. Hay o está/-n

Forma	Explicación	Ejemplos
hay + un/una/unos/unas **no hay** + Ø	Expresa existencia. Es la primera vez que hablamos del objeto.	En mi habitación hay una cama, un armario y unos discos. No hay sillas.
él/mi/esta... + **está** las/mis/estas... + **están**	Expresa localización. Conocemos el objeto o hemos hablado ya de él.	La cama está enfrente de la mesa. Los libros están en la estantería.

15. Perífrasis verbales

Forma	Explicación	Ejemplos
De infinitivo **ir a** + infinitivo	Todas las perífrasis son como un solo verbo. Sus elementos no se pueden separar. Indica planes futuros probables o futuro inmediato. El verbo *ir* se conjuga.	Mañana voy a ver una película en el cine. El próximo verano vamos a ir a Galicia.
hay que + infinitivo	Indica necesidad. *Hay* es invariable.	Hay que limpiar la habitación.
De gerundio **estar** + gerundio	Indica que estás realizando la acción en el momento de la enunciación. La acción no ha terminado.	Estoy estudiando matemáticas.
gerundio: estudi(ar) → estudi**ando** com(er) → com**iendo** viv(ir) → viv**iendo**		

Tabla de verbos

VERBOS REGULARES DEL PRESENTE DE INDICATIVO

VERBOS EN –AR

CENAR
ceno
cenas
cena
cenamos
cenáis
cenan

CUIDAR
cuido
cuidas
cuida
cuidamos
cuidáis
cuidan

DESAYUNAR
desayuno
desayunas
desayuna
desayunamos
desayunáis
desayunan

DUCHAR(SE)
me ducho
te duchas
se ducha
nos duchamos
os ducháis
se duchan

ENSEÑAR
enseño
enseñas
enseña
enseñamos
enseñáis
enseñan

ENTRAR
entro
entras
entra
entramos
entráis
entran

ESTUDIAR
estudio
estudias
estudia
estudiamos
estudiáis
estudian

HABLAR
hablo
hablas
habla
hablamos
habláis
hablan

LAVAR(SE)
me lavo
te lavas
se lava
nos lavamos
os laváis
se lavan

LEVANTAR(SE)
me levanto
te levantas
se levanta
nos levantamos
os levantáis
se levantan

LIMPIAR
limpio
limpias
limpia
limpiamos
limpiáis
limpian

LLAMAR(SE)
me llamo
te llamas
se llama
nos llamamos
os llamáis
se llaman

LLEGAR
llego
llegas
llega
llegamos
llegáis
llegan

TERMINAR
termino
terminas
termina
terminamos
termináis
terminan

VERBOS EN –ER

APRENDER
aprendo
aprendes
aprende
aprendemos
aprendéis
aprenden

COMER
como
comes
come
comemos
coméis
comen

LEER
leo
lees
lee
leemos
leéis
leen

VERBOS EN –IR

VIVIR
vivo
vives
vive
vivimos
vivís
viven

VERBOS IRREGULARES DEL PRESENTE DE INDICATIVO

IRREGULARIDAD CONSONÁNTICA: g

HACER
hago
haces
hace
hacemos
hacéis
hacen

PONER
pongo
pones
pone
ponemos
ponéis
ponen

SALIR
salgo
sales
sale
salimos
salís
salen

IRREGULARIDAD VOCÁLICA: e > ie

MERENDAR
meriendo
meriendas
merienda
merendamos
merendáis
meriendan

NEVAR
nieva

QUERER
quiero
quieres
quiere
queremos
queréis
quieren

IRREGULARIDAD VOCÁLICA: o > oy

ESTAR
estoy
estás
está
estamos
estáis
están

IRREGULARIDAD VOCÁLICA: u > ue

LLOVER
llueve

JUGAR
juego
juegas
juega
jugamos
jugáis
juegan

IRREGULARIDAD CONSONÁNTICA g + VOCÁLICA: e > ie

TENER
tengo
tienes
tiene
tenemos
tenéis
tienen

VENIR
vengo
vienes
viene
venimos
venís
vienen

OTROS VERBOS IRREGULARES

IR
voy
vas
va
vamos
vais
van

SABER
sé
sabes
sabe
sabemos
sabéis
saben

SER
soy
eres
es
somos
sois
son

VER
veo
ves
ve
vemos
veis
ven

Mis palabras

Palabras y números

Saludos y despedidas

Saludos
- hola
- buenos días
- buenas tardes
- buenas noches
- ¿qué tal?

Despedidas
- adiós
- hasta mañana
- hasta luego

Números
- 0 cero
- 1 uno
- 2 dos
- 3 tres
- 4 cuatro
- 5 cinco
- 6 seis
- 7 siete
- 8 ocho
- 9 nueve
- 10 diez

Fórmulas de cortesía
- por favor
- gracias
- de nada

Más palabras
bolígrafo, el
café, el
casa, la
chocolate, el
cine, el
cuaderno, el
hotel, el
libro, el
radio, la
restaurante, el
taxi, el
teléfono, el

Países y famosos

Países y ciudades
- Albania
- Alemania
- Austria
- Ecuador
- España
- Estados Unidos
- Filipinas
- Francia
- Italia
- Japón
- Madrid
- Málaga
- Nigeria
- Perú
- Ucrania

Nacionalidades
- albanés/albanesa
- alemán/alemana
- austriaco/a
- ecuatoriano/a
- español/a
- estadounidense
- filipino/a
- francés/francesa
- ingles
- italiano/a
- japonés/japonesa
- nigeriano/a
- peruano/a
- ucraniano/a

Profesiones
- actor/actriz
- cantante
- deportista

Más palabras
cómo
cuántos
dónde

dirección
nacionalidad
nombre

hablar
ser
tener
vivir

Familia y amigos

Relaciones de parentesco
- abuelo/a
- familia, la
- hermano/a
- madre, la
- padre, el
- primo/a
- tío/a

Horas y fechas

hora, la

días de la semana
- lunes
- martes
- miércoles
- jueves
- viernes
- sábado
- domingo

meses del año
- enero
- febrero
- marzo
- abril
- mayo
- junio
- julio
- agosto
- septiembre
- octubre
- noviembre
- diciembre

Características físicas
- alto/a
- bajo/a
- delgado/a
- gordo/a
- castaño/a
- moreno/a
- rubio/a
- guapo/a

Más palabras
teléfono, el

entrar (v. reg.)
estudiar (v. reg.)
llegar (v. reg.)
terminar (v. reg.)

3. Desayunos y meriendas

Comidas y bebidas

comidas
aceite, el
arroz, el
azúcar, el
cebolla, la
chocolate, el
ensalada, la
hamburguesa, la
helado, el
lentejas, las
macarrones, los
naranja, la
patatas fritas, las
pimiento, el
pizza, la
salchicha, la
sándwich, el
yogur, el
zanahoria, la

bebidas
agua, el (f.)
café, el
leche, la
refresco, el

Colores
amarillo/a
azul
blanco/a
marrón
naranja
negro
rojo/a
verde
violeta

Envases
bolsa, la
botella, la
lata, la
paquete, el

Más palabras
cenar (v. reg.)
comer (v. reg.)
desayunar (v. reg.)
gustar (v. reg.)
merendar (v. irreg.)
poner (v. irreg.)

4. Música y libros

Acciones cotidianas
ducharse (v. reg.)
escuchar música (v. reg.)
estudiar (v. reg.)
ir (v. irreg.)
lavarse (v. reg.)
leer (v. reg.)
levantarse (v. reg.)
ver la televisión (v. reg.)

Muebles, objetos y partes de la casa

muebles y objetos
alfombra, la
armario, el
cama, la
cuadro, el
cuchara, la
cuchillo, el
espejo, el
estantería, la
jarra, la
lámpara, la
manta, la
mesilla, la
pasillo, el
plato, el
sofá, el
tenedor, el

partes de la casa
baño, el
cocina, la
habitación, la
salón, el
terraza, la

Más palabras
estar (v. irreg.)

al lado de
encima de
debajo de
enfrente de

5. Perros y gatos

Animales
caballo, el
canario, el
cerdo, el
conejo, el
elefante, el
gato, el
jirafa, la
león, el
loro, el
pato, el
perro, el
pez, el
vaca, la

Características físicas y del carácter
activo/a
cariñoso/a
deportista
divertido/a
fiel
fuerte
grande
inteligente
pequeño/a
simpático/a
sociable

Objetos y productos para mascotas
bebedero, el
cepillo, el
columpio, el
comedero, el
correa, la
jaula, la
pecera, la
rascador, el

Más palabras
cuidar (v. reg.)
respetar (v. reg.)
querer (v. irreg.)
limpiar (v. reg.)

6 Sol y nieve

Clima y tiempo atmosférico

hacer calor
hacer frío
hacer sol
hacer viento
llover
lluvia, la
nevar
nieve, la
viento, el

Complementos para el calor y el frío

abrigo, el
bañador, el
botas, las
bufanda, la
calcetines, los
gafas de sol, las
gorra, la
gorro, el
guantes, los
impermeable, el
paraguas, el
sandalias, las
toalla, la

Más palabras
bien
mal

maleta, la
mochila, la

esquiar (v. reg.)
hacer sufr (v. irreg.)
ir al cine (v. reg.)
nadar (v. reg.)
patinar (v. reg.)
tomar el sol (v. reg.)
ver una película (v. reg.)

7 Guitarras y pinceles

Actividades artísticas y de ocio

bailar (v. reg.)
cantar (v. reg.)
cocinar (v. reg.)
escribir (v. reg.)
hacer teatro/magia (v. irreg.)
jugar al ajedrez (v. irreg.)
pintar (v. reg.)
tocar el piano/la guitarra (v. reg.)

Expresiones para mostrar interés

¿De verdad?
¡Qué interesante!
¿Ah, sí?
¡Qué bien!

Instrumentos musicales

armónica, la
arpa, el
bajo, el
batería, el
clarinete, el
contrabajo, el
flauta, la
guitarra, la
piano, el
teclado, el
trompeta, la
viola, la
violín, el

Más palabras
aprender(a) (v. reg.)
enseñar(a) (v. reg.)
saber (v. irreg.)

8 Verdades y mentiras

Lugares, historias y protagonistas de cuentos

bosque, el
castillo, el
escoba, la
espada, la
hada madrina, el (f.)
madrasta, la
ogro, el
pócima, la
princesa, la
príncipe, el
reina, la
rey, el
varita mágina, la

Más palabras
hablar por teléfono (v. reg.)
hacer un viaje/deporte (v. irreg.)
ir (v. irreg.)
jugar a los videojuegos (v. irreg.)
navegar por internet (v. reg.)
salir (v. irreg.)
venir (v. irreg.)